▌我的幸福家庭。

▌我的堅信禮——紐約州牙買加第一基督教長老教會。我在最後一排，右邊數來第二個。

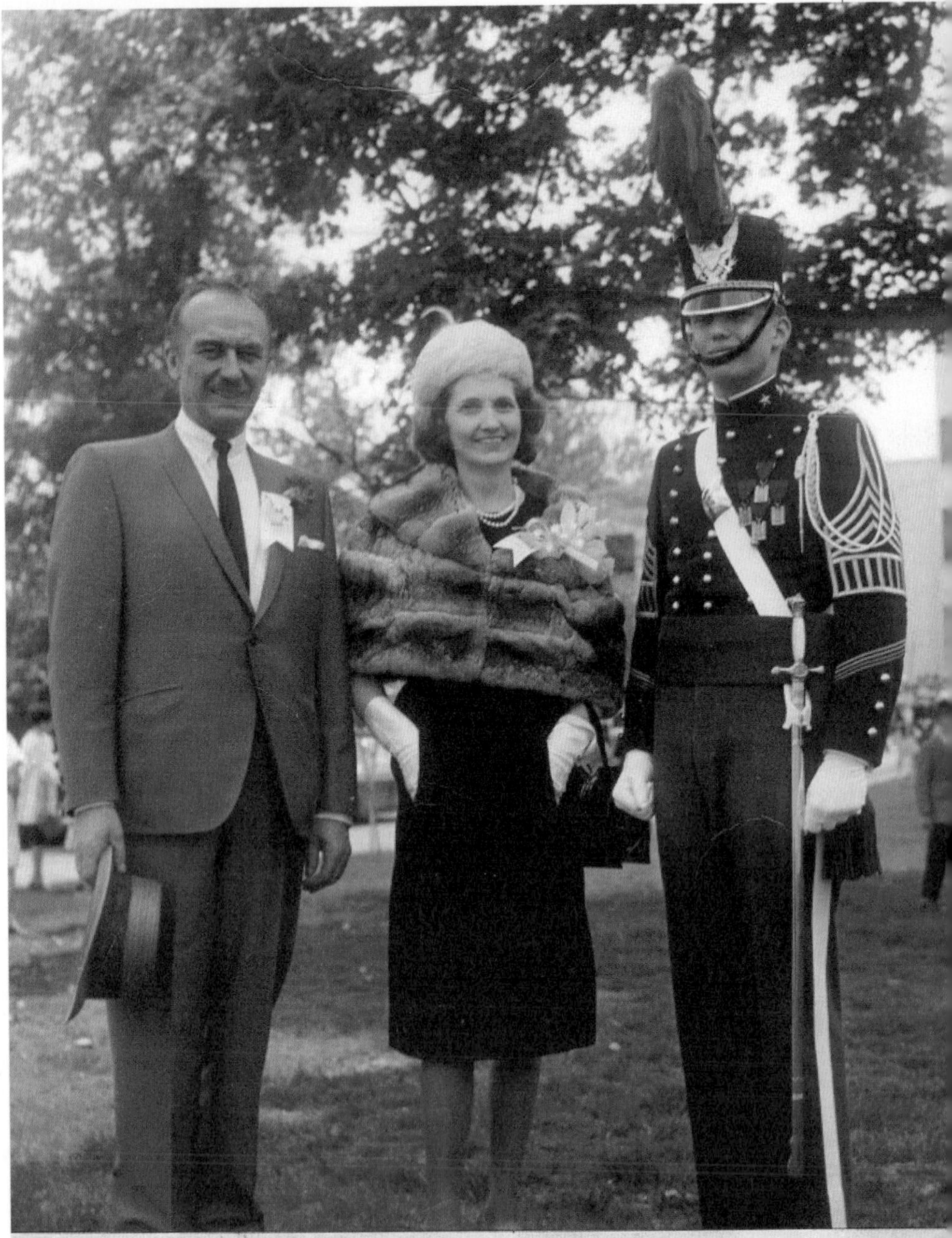

▌我父親佛瑞德跟母親瑪麗，參加我在紐約軍校的畢業典禮。

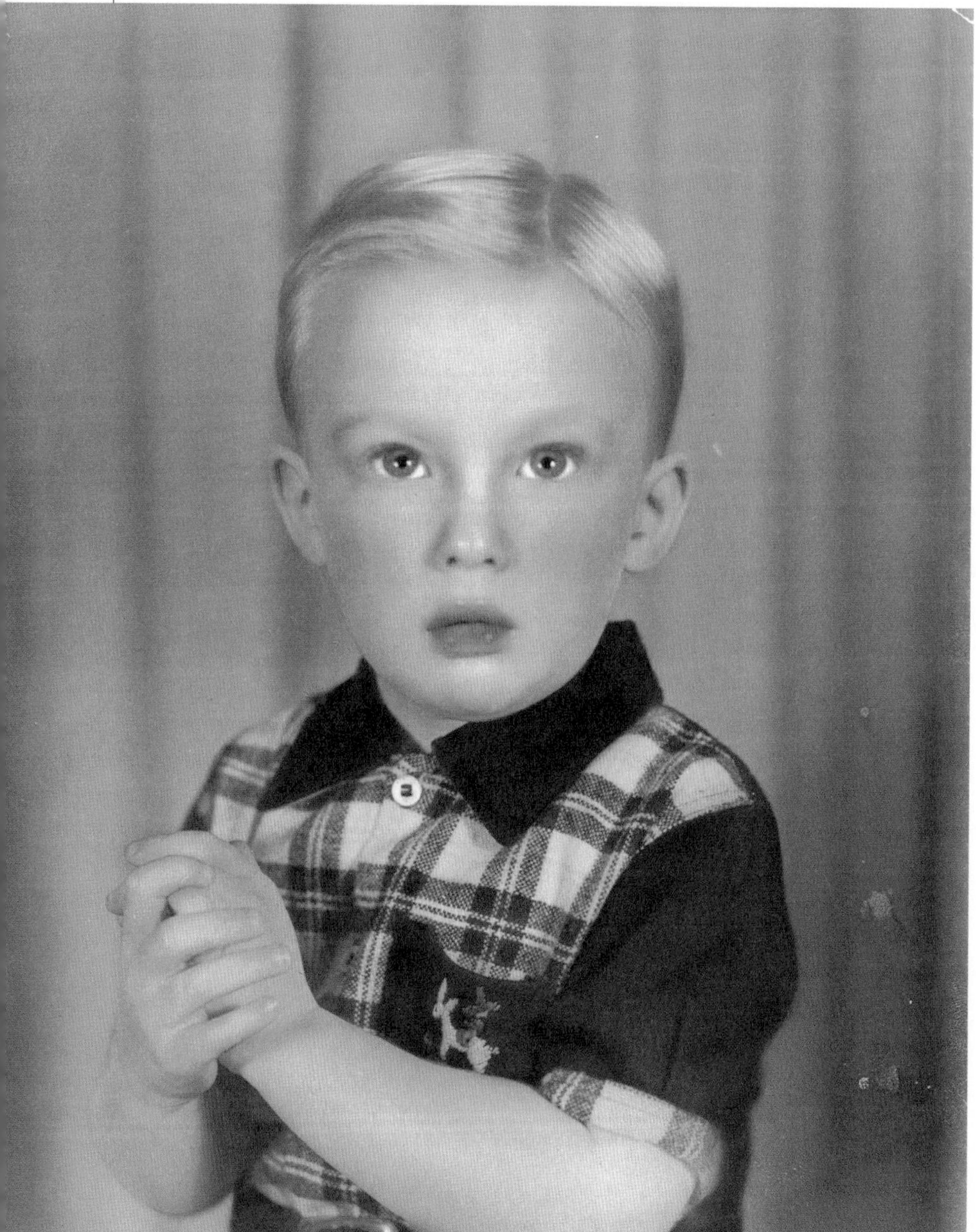

▌小時候的我。

在馬阿拉歌俱樂部，和我的女兒蒂凡妮跳舞。

▌我和伊凡卡、小唐納與艾瑞克。

▌華府賓西法尼亞大道，修建中的川普國際酒店。原本是舊郵局大樓。

華爾街四十號的川普大樓，位於紐約證券交易所對面。

川普宮殿

中央公園西一號，川普國際酒店大廈。

川普大廈鄰接蒂芙尼公司（我買下了它們的上空權），位於第五大道的56街跟57街之間。

芝加哥河畔的川普國際酒店大廈

舊金山美國銀行大樓

▌九十層樓高的川普世界大廈，位於聯合國總部對面。

▌我和兄弟姐妹。從左到右：羅伯特、伊莉莎白、小佛瑞德、我和瑪麗安娜。

邁阿密川普朵拉國家度假村

渡船角川普高爾夫林克斯球場

▌拉斯維加斯川普國際酒店——拉斯維加斯最高的建築。

▌我和傑出的前總統隆納．雷根在白宮握手

我和我美麗的太太——梅蘭妮亞

我和小唐納、伊凡卡與艾瑞克，在我的辦公室。

# GREAT AGAIN

*How to Fix Our Crippled America*

★ ★ ★ ★ ★

## 總統川普

### 讓美國再度偉大的重整之路，將帶領世界走向何處？

DONALD J. TRUMP
唐納·川普

朱崇旻｜譯

時報出版

★

這本書獻給我的父母——瑪麗與佛瑞德・川普 Mary and Fred C. Trump
和我的兄弟姐妹——瑪麗安娜 Maryanne、羅伯特 Robert、
伊莉莎白 Elizabeth、佛瑞德 Fred
也獻給我的好太太梅蘭妮亞 Melania
與一直支持我的孩子們——小唐納 Don Jr.、伊凡卡 Ivanka、
艾瑞克 Eric、蒂凡妮 Tiffany、巴倫 Barron

以及，最重要的是
獻給準備讓美國再度偉大的所有人！

# 目次

*Foreword*

# Great Again

## 作者序

持續學習並做好準備，或許我的機會也將到來。

——美國第十六屆總統
亞伯拉罕・林肯 Abraham Lincoln

我一向喜歡讀歷史偉人的名言，從我求學時期，心裡就對這句林肯的名言產生了共鳴。我是個喜歡每件事都準備周全的人，並且身為開發商，我必須在做任何投資前打好根基；建造業沒有「猜測的空間」這種東西——每一步、每一個環節都得做得實實在在。簡單來說，身為建設家，我不能不做好充足的準備。

近來，我經歷了一場艱難的選戰。我並不驚訝自己當選了美國總統；相信我，我並不是說這個結果理所當然，為了今天我已經準備了很多年。我一直是個愛國者，從小到大，我對這個國家的愛都是我追求成就的動力，我打從心底願意為國效力，我專注的心也從來沒有動搖過。我已經預備好了，也準備萬全了。

當你深深在乎一件事的時候，它會給你驚人的力量——我把這個叫做熱情。大家都知道我常說一句話：沒有熱情的人不可能有太大的成就。這是我父親教我的道理，二〇一六年總統大選就是最好的例子。我對這個國家的關心和熱情給了我跨越重重大難題的毅力，最後才有辦法來到國家決策者的位子。我父親說對了——他的智慧是我贏得大選的基本要素之一。

大選獲勝是什麼感覺呢？感覺很棒。一路走來的辛苦都很值得，雖然未來會更辛苦，但只要能為這個令人驕傲的國家服務，一切都值得。我非常感激能獲得這個機會，林肯前總統說的「或許」，已經成為我的現實。

美國值得最好的領袖，我準備盡全力做好我的工作。我們很幸運能住在這個非凡的國家，我一定會確保這份幸運留在我們身邊，所以，我們一起來讓美國再度偉大吧！

*Preface*

# You Gotta Believe

## 前言｜你必須堅信

人們說我很有自信，是不是這樣我不曉得。

剛開始公開演說時，我就是個現實主義者。

我很清楚，那些無能而且堅持反對現狀的人一定會跳起來攻擊我，像是：

那些競選時說得天花亂墜的政客，等到實際執政後每個都是廢物——因為他們不會執政，他們根本不知道執政是什麼東西吧。

那些陳情團體和特殊利益集團，受雇來從我們口袋撈錢。

那些完全不知道什麼叫公平公正的媒體，壓根分不清楚「事實」和「個人意見」的差別。

還有那些非法移民，你看現在有二〇％的美國人失業或未充分就業，他們卻從我們手中搶走我們的飯碗。相信我，這些人到處都是，我跟他們見面，我和他們談話，我擁抱他們。到處都是這樣的人。

美國國會的僵局已經不是一、兩年的事了，他們根本沒辦法處理我們國內最緊迫的問題；就連最基本的問題他們也沒轍，例如通過預算案。你想，只是通過預算案這麼一件小事，堂堂國會卻連這個也辦不好。

在這個同時，我們國家的基石——中產階級——和四千五百萬個貧困的美國公民，過去二十年來只能眼睜睜看著自己的收入年年減少。想也知道，他們對現況的失望和憤怒一天一天增加，而且只會越來越嚴重、越來越嚴重。

就連我們的律師和法官，這些所謂「智慧的典範」都不斷踐踏我們的憲法，踐踏我們民主的堡壘。他們隨隨便便站上決策者的位置，因為真正由我們選出來的民意代表被黨派牽制得死死的。他們無法行動、沒法辦事，完全失去了作用。

至於總統和行政體系，他們的無能實在是匪夷所思。

在我寫這本書的同時，俄羅斯總統普丁（Vladimir Putin）正在敘利亞形成聯盟，他招招克制我們美國的總統，一步一步逼近世界唯一主宰者的位子。他和同盟國——特別是伊朗——佔了歐巴馬總統和我國軍隊多年來無法到手的先機。歐巴馬失敗了，他不是領導者，我們的國家不再是領導者，普丁才是新的領導者。這是我們國家莫大的恥辱。

我們在中東白白浪費了好幾兆美元，得到了什麼成果？什麼都沒有，反而還疏遠了最親密的盟友以色列。更慘的是，我們為了核武問題和伊朗（現在是俄羅斯最好的朋友了）達成協議，還以為這個代價極高卻完全無價值的協議能帶來和諧與世界和平。不可能，它只會帶來相反的結果。

「偉大的美國」這個概念，由我們的國家領導全世界自由和非自由國家的概念，已經消失了。

儘管眼前擺著這麼多挑戰，但也正因為有這些挑戰，我決定有所作為。我不能再看著自己偉大的國家衰敗下去，這個混亂的國家和局勢亟需有才能的領導者，它需要一個有常識、有商業頭腦的領導者，一個真正能帶美國恢復過去輝煌的領導者。

我們需要的領導者必須了解「偉大」的意義，並在商場上拿出實績證明自己的能力；他必須帶大家重新塑造我們過去嚮往的卓越，指導我們一步一步達成目標。

剛開始公開演說時，我完全不曉得大眾會有什麼反應。我知道自己是很棒的建設家，在世界各地蓋了各種建築，我的事業也獲得了巨大的成功。但我當時還沒完整說出自己的政治理念，還有讓美國再度偉大的想法。

同時我也知道，「川普」（Trump）這個品牌在世界上是品質卓越的代表，它是大家都知道的話題品牌，是非常非常特別的一個品牌，也是我的驕傲。我們的建築與度假村驕傲（並漂亮）地站在全美與其他國家的土地上。

我先從非法移民的議題開刀，提議蓋一堵很高很高的牆壁，把我們不想要也不需要的非法移民人潮阻隔在外。我們當然很喜歡別人進來，不過非法入境又是另一回事了。

然後美國人突然醒了，開始注意到非法移民的問題。雖然競逐共和黨總統提名人的候選人很多，但是我說的話還是引起了大家的共鳴，大家都表示同意，而且是欣然同意。

來支持我的人越來越多，多到我們的造勢活動只能搬到美式足球場跟會議中心之類的地方。第一次總統大選辯論吸引了兩千四百萬的觀眾，打破了有線電視的收視紀錄；雖然出現了一些充滿敵意的荒誕提問——但也可能是因為有這些問題——我跟過去一樣全力反擊，並說明我內心的願景。結果呢？大部分的人都覺得我贏了。

人們開始鼓掌歡呼，一些從來沒關心過選舉、從來沒投過票的人突然跑來參加我們的活動。我們的造勢活動聲勢逐漸壯大，支持者多到難以置信。大家的熱情來源是純粹的愛，對我們共同目標的熾愛。

媒體、政客跟我們國家所謂的領導者，全都驚恐不已。可是我非常堅持，我直接對大眾說出我的理念，因為我不需要誰的財政支援，也不需要誰來許可我說什麼、做什麼。我必須做正確的事情，這是我必須做的，我沒有別的選擇。我看見了我們國家悽慘的狀況，所以我沒有別的選擇。

現在，我開始填入願景裡的細節了。我發表了一份稅務計畫，讓中產階級和低收入戶減輕稅負的同時，重整美國有錢人繳稅的規定。

我將投入更多資源培養真正強大的軍隊，裝備武器都準備好，隨時可以對抗任何敵人，甚至是所有的敵人。當我們劃出界線的時候，我們說的話必須在所有人心中都有份量——尤其是我們的對頭。

為了製造就業機會和促進生產，我發表了一套全新的方案：鼓勵企業移回美國本土（回到自己的家），也帶回存在外國銀行的好幾兆美元。那麼多錢，我們一定會全部帶回來。然後呢？然後就會有各種好事發生；那些人會把錢拿來修馬路、橋梁，創建新公司、新工作。一定會超棒的。

我之前已經說過了，歐巴馬健保（Obamacare）又貴又可笑，它不可能解決我們的健保難題。我們必須廢除它，用更好的方法取代它；我們必須在私營保險公司之間製造競爭，還有讓病患選擇自己的家庭醫生，這樣才能解決問題。這才是更好的方法，也是更省錢的方法——不但有更棒的醫生，還有更棒的醫療服務——這是我特別為大家想出來的辦法。你想想看：全美國可以一起省錢，大家接受更好的醫療服務，沒有比這更讚的組合了。

然後在教育問題上，「競爭」是一大關鍵字。家長應該有權利送小孩去最好的學校上學，接受最好的教育。我們要關閉程度差的學校，開除能力不足的老師。教育就像衣服一樣，沒有真正適合所有人的尺寸——共同核心課程標準（Common Core）是錯誤的，是不可能的任務。我們才不要孩子接受華府制定的教育，我們要的是在地化教育，因地制宜的教育。

而在國內，我們必須大規模重建基礎建設。現在有太多危險橋梁、坑坑疤疤的馬路，而且光是進城工作的通勤族每天塞車就不知道損失了幾百萬的收入，大眾運輸太擠又靠不住，而且機場也該重建了。你去中國之類的地方看看他們的鐵路系統跟大眾運輸，比我們的好太多了！我們這邊根本就像第三世界國家。

我在這本書裡寫了很多自己的想法，我以後也會有更多新想法，不過這不是現在的重點。不得不說，批評我的人也極力想推動他們自己的政策，可是我們不需要更多空泛的計畫，因為這些人的計畫在選舉後就會全部蒸發掉。

那我們需要什麼？我們需要的是能夠解決難題、開始用可行方法處理問題的領導者。有人說我應該設計幾百頁的規章跟繁文縟節，但這不是我的目標——我們需要把常識擬成政策，有必要的話好好敲一敲某些人的腦袋，推行這些政策。說實話，我們的規範太多了。我們被困在沒有移動空間的小小範圍裡，沒辦法創建新企業，就是因為我們的規範太多了。

我知道怎麼處理複雜的議題，也知道如何聚集各種條件以取得成功；這麼多年來，我建造了龐大的事業，並獲得了鉅額利潤。

這本書的設計就是要讓讀者更了解我，然後更了解我對國家的未來的主張。相信我，我真的是個好人，我對自己是好人這點有十足的自信。但我不只是個單純的好人，我也非常熱情、非常有幹勁，絕對會讓我們的國家再度偉大。

現在，是時候把美國從絕望與憤怒的道路拉回來，回到幸福與成就的正途了。這不是可不可能的問題，而是必定會實現的未來。

我們國家的巔峰還在前方，還有這麼多邁向偉大的可能性等著我們去開發：我們的國土富有自然資源，也富有人才資源。

請好好享受這本書帶給你的閱讀體驗——然後，我們一起讓美國再度偉大吧！

*Chapter 1*

# Winning Again

## 再次成為贏家

美國必須再次成為贏家。

誰都不喜歡魯蛇，誰都不喜歡被霸凌。可是你看看今天，我們明明是地球上最偉大的強權，大家卻來搶我們的午餐。這可說不上是「贏」。

我們有個總統試圖表現出很強硬的樣子，想跟其他國家劃定界線，可是當別國侵犯我們底線的時候，他們卻不用承擔後果。

那我們跟外國談判協商的時候呢？我們不挺身表達意見，我們不放話要離開談判桌；而且最重要的是，我們根本不會離開談判桌。我們會一次又一次低頭妥協。這才不叫「贏」。

如果我管理自己的公司也是這副德行，我早就把自己給炒了。

舉個例吧：美國歷史上最糟糕的協議之一——我們跟伊朗之間的核武「協議」——也就是約翰．凱瑞（John Kerry）去談判後，歐巴馬總統直接神速通過並繞過國會許可的協議。（更確切地說，是歐巴馬說服了他的民主黨支持協議，並阻撓任何辯論或投票的機會。）這大概是我們這個年代最重要的協議了，可是我們在華府的笨蛋領導者們連一起討論這件事、一起針對它投票表決都辦不到。

前總統隆納．雷根（Ronald Reagan）說過：「信任，但也要驗證。」但就這件事看來，我們不僅沒有信任，更沒有去驗證。我們怎能信任一個像阿里．哈米尼（Ayatollah Khamenei）這樣的人？在我們通過協議的前一個月，這傢伙才剛重申他的國家會毀了以色列——我們最重要的盟友，也是幫助我們在那個區域維持相對穩定局勢的夥伴。那驗證呢？我們也不知道國際原子能總署（International Atomic Energy Agency）又私下跟伊朗達成了什麼約定。就算政府知道，也沒有把這些約定的內容對大眾公開。

這哪裡是「贏」的樣子了？在我看來，這根本就是過失犯罪（criminal negligence）。

然後，當每一位共和黨參議員（還有一些民主黨議員）批評他的做法時，總統竟然把批評者說得和敵人一樣壞。

換句話說，他先賣了朋友跟盟友，然後需要為他那個協議辯護的時候，就拿反對者跟我們的敵人比較。

這就是所謂成功的外交嗎？

現在我們還要向敘利亞難民之類的人打開國門，基本上這就像親自邀請伊斯蘭國（ISIS）成員來我們的國家住，然後從內部破壞我們的家園一樣。

這就是今天的美國——是過去高人一等的閃亮城市，是過去其他國家羨慕和模仿的對象。

那我們該怎麼辦呢？我們要怎麼做才能再次成為贏家？

首先，我們需要一個致力於取得勝利，並且有勝利經驗的政府。本書要探討的就是這個問題。

★ ★ ★

二〇一五年九月初，我在華府的一場造勢集會演講。我告訴所有人，我們需要一支強大的軍隊，強大到永遠不必出動的軍隊。然後我大聲問：「歐巴馬總統，你聽到了嗎？」幾乎所有聽眾都為我歡呼，不過我也能理解某些人半信半疑的心態，畢竟美國人已經習慣聽同一群政客唸同一套台詞，也不期待看到什麼結果、什麼勝利了。我懂。這麼多年來，兩黨的候選人都親自找過我，希望我支持他們，而我也給了他們錢——非常多的錢。這些人口口聲聲保證要用創新的想法改變現狀，限制政府回到最初保護國家、以人民為第一的目的。

一個又一個候選人立下各種誓言，最後幾乎什麼事也沒做成。他們到底解決了幾個問題呢？華府的情勢好像沒有半點進展。

看看國會，不難理解它在美國人民心中的負面形象。

原因很簡單，因為他們什麼都不幹。

他們根本連年度預算都審不了，整天在那邊口水戰。也就是說，他們打算把我們國家全部的問題、我們鉅額的債務全部丟給子孫處理。

不能再繼續下去了。

我終於發現了一件事，那就是美國不需要那種光說不做的政客，我們國家需要的是有經商頭腦、會管理事業的聰明人。我們需要的不是更多政客的漂亮話——我們需要的是基本常識。「東西沒壞，就不用修理」，但如果壞了就不要再講些有的沒的了，趕快修理啊。

我正好就知道該怎麼修理。

很多人鼓勵我公開發表言論，我這才發現因為大家都聽過我成功的故事，大家都知道我蓋了不少住宅和商業大樓，也開發了很多公共空間——同時累積了龐大的個人財富——因為這些原因，我可以激勵眾人一起創造美國歷史上最大的轉折奇蹟。

當然，也有人不相信。一堆記者靠著製造爭議賣新聞，一堆既得利益的政客想維持現狀、保住自己的地位，所以當然就冒出了一堆「專家」整天預言我會失敗。他們研究了各種「民調」，他們聽了各種陳情團體跟特殊利益集團說「川普威脅到我們的福利」，他們甚至整天說我霸凌別人、歧視別人、痛恨女性、討厭西語裔美國人……甚至還有人說（注意，這種指控可是政治上的終極原罪！）我會給美國最有錢的富豪更多賦稅優惠。

我已經證明他們所有人都錯了。

所有人！

突然，同樣的報紙、同樣的「專家」開始大談我的理念。雖然我也被不少自稱「無黨派」的記者問了一些蠢問題跟不好回答的問題，大家還是支持我的言論跟想法——然後你猜發生了什麼事？女性聽了我的言論也紛紛跑來支持我，因為她們跟男人一樣，受夠華府那群幾乎一事無成的傢伙了。

西語裔美國人也同樣加入了我的陣營，因為他們聽我的西語裔員工——認識我這個老闆、我這個領導者的員工們——說過：唐納．川普是企業的創建者。

唐納．川普是各種建築的興建者。

唐納．川普是豪華高爾夫球場的開發者。

唐納．川普是創造就業機會的投資者。

並且，唐納．川普會為合法移民和所有的美國人創造就業機會。

就連最憤世嫉俗的記者也發現了：唐納．川普是認真的，而且有一堆人都支持這個跟其他政客完全不同的候選人。

沒有人付錢要我說這些。我自己包下全部的競選花費，我不欠特殊利益集團或陳情團體任何東西。

我不會照既定的規則玩。

我不是那種按照民調結果決定該「相信」什麼、說什麼話的政客。

我只是實話實說，把我覺得會讓美國再度偉大的核心概念說出來而已。

我不是外交官，我不需要讓大家都開心。我是講究實效的企業家，一路走來我學到了一個道理：當你相信一件事情的時候，你永遠不要停、永遠不要放棄，如果有人把你一拳打倒，那就再爬起來繼續奮鬥，直到你成為贏家的那一天。這是我一輩子依循的人生策略，我靠著它成就了很多大事。

輸贏很重要，成為贏家非常重要。

我會一直為我們的國家奮鬥，直到這個國家再度偉大。

有太多人覺得美國夢已經死了，可是我們一定可以讓這個偉大的夢想復活，讓它比過去更大、更好、更強。不過，我們現在就得出發才行。

我們得確保美國再次成為贏家。

*Chapter 2*

# Our "Unbiased" Political Media

## 我們「公正」的政治媒體

有很長一段時間，媒體最熱愛的事就是恨我。

政治媒體真的非常不誠實，這點我可是一下子就看出來了。第一場共和黨辯論的時候，Fox頻道的記者梅根．凱利（Megyn Kelly）很明顯是衝著我來。然後你也知道，第二次辯論的時候，根本所有人都在攻擊我嘛，因為他們大部分的民調支持率都在下降，只有我的支持率直直上升。

也許我算是個有爭議性的人物。我有話就直說，才不會等民意調查專家提什麼意見，因為我根本就不會請民調專家。我坦率的個性很受新聞媒體歡迎，他們知道我不會支支吾吾或是無視他們的問題，我完全不怕實話實說。一般只有幾百萬人會收看總統候選人辯論，不過光是第一晚就有兩千四百萬人收看，第二次辯論的收視率也差不多。這是Fox新聞台和CNN史上最高的收視率——比NBA決賽、職棒世界大賽還有國家美式足球聯盟（NFL）的節目還高。

你說大家為什麼要收看啊？大家是來聽各種卑鄙提問的嗎？是來看一群政客假裝自己是清流（真正的清流是我吧），好讓自己可以更成功的嗎？大家之所以收看，是因為我給大家的，是他們必須聽、有權利聽，可政客從來不說的真相。我們的國家現在亂七八糟，我們沒時間假裝什麼都沒看見了，也沒時間在那邊政治正確了啦。

大家都聽過政客演講吧？不覺得他們的講稿標題應該改成「我到底可以有多無聊」嗎？看這些人的訪談幾乎就跟觀察油漆乾掉一樣刺激。他們怕說錯話，怕說出講稿上沒寫的東西，怕偏離本黨主張——「偏離本黨主張」，這是他們自己的講法——結果什麼都說不出來。只要能逃避問題，他們什麼事都做得出來——然後政治媒體就陪他們玩這套。

這個遊戲的目標是表現得像普通哥們（或是姐妹）一樣，適合一起喝啤酒聊聊天，可是也要看起來很有想法。民調專家會教他們怎麼對大家都好、跟大家都稱兄道弟，誰也不得罪。這群政客信誓旦旦地保證他們會強勢面對外敵，結果連直接回答記者的問題也不肯。這種遊戲我可不玩，因為我是個非常成功的企業家，我的目標是從麻煩的深淵救出這個國家，還有解決我們欠債十九兆的問題。

第一次辯論的時候，我這麼回答梅根·凱利咄咄逼人的問題：「我認為這個國家最大的問題是政治正確。挑戰我言論的人太多了，老實說我沒時間做到完全政治正確。再說一句實話，這個國家也沒時間政治正確了。這個國家面臨了巨大的難題，就是我們不再是贏家了，我們輸給中國，我們的貿易跟邊境問題都輸給墨西哥，我們還輸給俄羅斯、伊朗和沙烏地阿拉伯。」

我說自己是贏家並不是在炫耀。我有贏得勝利的經驗，這是我們所謂的領導才能。這也代表人們會追隨我，我的行動會給所有人帶來啟發。你說我怎麼曉得？我這輩子一直是領導者嘛，我的幾千幾萬名員工都知道我會實踐說過的話，也會幫他們完成他們的工作。有時候我會謙虛一下，或是幽默一下、玩一下、歡樂一下，我們相處得很好。我把話說出口就不會反悔，所有認識我的人都非常欣賞這點。

現在我們面對這麼多問題，每次辯論都變成「川普VS其他人」，反對者從四面八方攻擊我，因為他們都很清楚一件事：只有我真的想改變這個國家，讓美國再度偉大。譬如說主持人唸一段我說過的話（或是曲解一段我說過的話），然後請別人評論這段話。我的性格有沒有問題？我會把國家當公司經營嗎？我是什麼時候「真正成為共和黨員」的？這種話題放在電視上很好看，可惜就像體育競賽一樣。

然後呢？這些問題有哪一個真正說到重點，說到我們國家的困境還有美國人關心的議題？結果辯論變成人身攻擊，因為政客（還有他們的記者死黨）知道大眾不想聽核武、背叛和伊朗事件，不想聽聯邦政策、稅賦跟貧窮問題。結果我跟其他人的人身攻擊搶了辯論的焦點，讓新聞報導好幾個禮拜。你看電視就知道Fox新聞跟

ＣＮＮ實際上是什麼貨色了。在這邊我想聲明，我認為ＣＮＮ和Fox對我很差勁。可是再怎麼樣，一家主流電視新聞不是該認真看待自己的職責，利用電視辯論幫助大眾選一個最有想法、最能讓我們的國家再度偉大的候選人嗎？

但是他們錯過了那個機會。

辯論形式的演說對我也沒有壞處。美國的人民都很聰明，大家很快就發現其他人大肆攻擊我的理由了。所以大家給我更多演說時間、更多頭條報導、比其他候選人都還要多的採訪；還有，對美國最重要的一點——直接對人民發表意見的機會。

我尊敬的記者不少，尤其是財經媒體的幾個人物。當一個財經新聞記者採訪你的時候，他一定很清楚自己在幹嘛，問的問題也一定是直接了當、能給觀眾提供重要資訊的問題。金融界攸關所有人的錢財，財經記者不會像政治新聞記者那樣跟你套話，因為他們賠不起。

別人攻擊我，我沒有意見。我利用媒體的方式就跟媒體利用我一樣——就是為了吸引注意力。等我得到所有人的注意力，就可以用到對我最有利的地方。我很早就學到了一件事：如果你不怕坦白說話，媒體鐵定會寫你的新聞或是求你上他們的節目；如果你做事跟別人不太一樣，如果你說一些聳動的話，如果你全力回敬攻擊你的人，那媒體肯定會愛死你。所以有時候我說一些驚天動地的話，就是為了給媒體業者他們要的東西——觀眾跟讀者——然後利用媒體建立我自己的論點。我是商人，我賣的是一個品牌。你有看過披薩店門口掛「世界第四披薩」的牌子嗎？！不過，今天我賣的不是披薩，我把多年成功經商磨練出來的才能用來激勵大家，讓大家明白我們的國家可以變得更好、可以再度偉大，我們可以扭轉目前下坡的局勢。

在《紐約時報》（*New York Times*）登一張全版廣告可能要花你十萬美元以上，可是他們報導我的政策我卻一毛錢也不用花，而且還得到更重要的知名度。我跟新聞媒體的關係是一種互助互利的共生——他們需要的我給他們，我需要的他們給我——然後現在，我利用這個關係發表我對美國未來的看法。

很多人認為我跟新聞媒體關係很好。我可能有時候跟他們關係不錯，但如果你覺得我能指使媒體做什麼，那就大錯特錯了。沒有人能指使媒體，它太大、範圍太廣了。對我來說，跟記者建立關係絕對很重要。我尊敬的記者不少，有幾個在我心目中評價很高的人都是記者，他們誠實、正直又勤奮，為自己的職業帶來榮耀。如果我做錯什麼事，他們一定會照實報導；我對他們半點意見也沒有，因為我討厭的不是新聞報導，而是犯錯本身。

可是反過來說，我也覺得媒體常常濫用播報新聞的工作攻擊我這樣的人。關鍵字就是「照實報導」。不管是什麼行業都一樣，一定會有一些不好的傢伙。報導我好壞事蹟的新聞那麼多，我無疑見過新聞界食物鏈最上層還有最底層的人——還真的是最最最底層：他們這種人糟糕到極點，一點也不誠實，我還見過直接睜眼說瞎話的「記者」。我之所以這麼說，是因為他們寫出來的新聞已經不是「能力不足」可以解釋的了，除了說謊以外還能怎麼解釋？

我透過媒體塑造的形象讓我打造了全世界最棒的奢華品牌之一，人們買我蓋的公寓、買我的商標、在我的高爾夫球場打球，因為他們知道只要上頭寫了我的名字，那一定是最高品質。不然你以為NBC幹嘛讓我主持《誰是接班人》（*The Apprentice*）這節目？當然是因為我的大老闆形象使我跟別人不一樣，變成大家注目的焦點。那結果呢？我做出了史上最成功的電視節目之一——世界上還有哪個老闆把員工給炒了，反而可以提高那個人的身價？

有時候現實很痛苦，可是有時候痛苦過才有辦法進步。很多觀眾告訴我，他們看了我的節目之後學到怎麼更有效地完成自己的工作，學到不被開除的方法。

我不介意別人批評我。有人說我臉皮薄，可是我其實臉皮很厚。我太太又美人又好，我的資產有好幾十億美元，我的小孩都非常聰明、有成就，現在作為各部主管和我合作經營事業。我的辦公桌上堆了一疊很有潛力的企畫書，我走在路上和每走進一個房間就會有人跑過來，跟我說他們很期待這個國家再次成為贏家。所以，我不會因為被批評就沮喪煩躁，別人批評我也沒辦法傷到我。我現在有了權力、有了金錢，是時候幫美國人民出聲，確保政府聽到所有人的聲音了。我為什麼要做這件事？那是為了讓我們的國家再度偉大。

不久前，很多權威人士一直問我是不是認真的。我覺得他們問錯問題了，他們該問的是：我對這個國家的未來是認真的嗎？我的回答是，我這輩子沒有一刻比現在還要認真。

為了收視率，每個電視節目都想製造新聞。問題是他們沒有做好自己的本分，他們對普及資訊根本就沒興趣，反而整天玩他們的套話遊戲。前面也說過了，有的政治新聞媒體很不誠實，他們不在乎自己報導的是不是真相，他們只想拿我說過的話去斷章取義，他們也不想認真解釋我話裡的意思。他們知道我說了什麼，也知道我想表達的意思，可是他們把我的話改寫一番或是扭曲一番以後，呈現出來的卻是完全不同的東西。

六月十六日我在紐約宣布參加總統大選的時候，他們再次用行動提醒了我，讓我清楚看到他們是什麼樣的貨色。當時我針對很多議題說了很多話，列了很多我們該面對的問題：非法移民、就業問題、縮水的國內生產毛額（GDP）、老舊的核武設備，還有伊斯蘭恐怖分子，這些我全部都有提到。那媒體把重點放在哪裡呢？他們集中報導我對邊境問題的看法，因為我說墨西哥把最糟糕的人都送來我們美國南境了。「他們送來的人有很多問題。」我說，「然後他們把問題都帶來給我們了。」

結果報導一出來，說的是：川普認為所有移民都是罪犯。我說的根本不是那個意思，不過記者哪管那麼多，危言聳聽的新聞才有人看，放在頭條才引人注目。可是我那時候說的是，從墨西哥過來的非法移民之中有一些很壞的傢伙，有的是強暴犯，有的是毒蟲，有的偷渡過來就是為了逍遙法外，所以我們應該立刻實施一些嚴格的政令，對這些「非法移民」關閉國界。

真正認識我的人就知道，我不可能侮辱西語裔或是任何一個群體的人。我也跟不少西語裔美國人在生意上合作過，而且我一輩子都住在紐約，當然知道拉丁美洲文化有多棒，也知道這些人對我們國家有許多貢獻。這麼多年來我僱用了很多勤奮的西語裔美國人，我非常尊敬這些人……可是媒體報導的卻完全不是這麼回事。

這是新聞報導的標題：**「川普：移民都是罪犯」**，還有**「川普：墨西哥人都是強暴犯！」**。

超荒唐的。

政治媒體對我不滿，其中一個原因是我不怕他們。其他人整天跑來跑去巴不得有人關注他們，可是我不會。人們自動會注意我的言論；雜誌封面印了我的臉就賣得比較好，我在電視節目上露臉收視率就會提高，還有其他各種效應。最好笑的是，媒體記者吸引人注意的最佳方法就是批評我。

不過美國人民也開始看清這點了，他們終於發現很多政治新聞媒體都不打算公平呈現重要議題，反而是要操控人心——操控選舉——讓人們支持他們自己希望能當選的候選人。這些傳媒公司的老闆都是身價數十億的富豪，他們很聰明，知道哪些候選人當選對他們最有利，然後想盡辦法支持他們喜歡的候選人。

我沒辦法告訴你我被多少記者採訪過，我連上過多少次雜誌封面也數不上來。

我最近接受保守派廣播電台主持人休斯・西威特（Hugh Hewitt）的訪談，他說我是「全美最棒的訪談對象」。事情是這樣的：

在節目上，他問了我一連串關於某個伊朗軍事領袖跟其他恐怖組織領導者的問題。「我認為接任三軍統帥的人應該知道哈桑・納斯魯拉（Hassan Nasrallah）、扎瓦希里（Zawahiri）、約拉尼（al-Julani）、巴格達迪（al-Baghdadi）是誰。這些還沒拿到計分卡的參賽者，你認識嗎？」

這是什麼荒唐的問題啊。我才不覺得大選前一年知道所有恐怖組織領導者的名字，就代表一個人有資格當總統，又不是在玩益智猜謎。休斯問的每一個問題都差不多是這個調調，然後我們的經濟方針、稅制改革——我花了一輩子鑽研的議題——他幾乎都沒提到。他不問重要的問題而是問這些「陷阱題」，最後只證明他可以唸出這些名字的正確讀音而已。有誰相信喬治．W．布希（George W. Bush）和巴拉克．歐巴馬（Barack Obama）說得出所有恐怖組織領導者的名字？（當然，我們可不能拿他們兩個當標準！）

大家都能看穿這種小把戲。明明我們有這麼多問題還沒解決，明明我要談的是怎麼解決問題，媒體卻一直玩這種無聊的遊戲。不過現在回頭看，休斯．西威特也還算好，而且那之後他也替我說了一些好話。

每個問題都是陷阱，媒體巴不得有機會跳出來說「哈！逮到你了！」。我把最好的答案告訴西威特：一年後我們大概都看不到這些人了。我當時應該再補充一句：如果美國不做正確的事情，那再過不久我們也會是一樣的下場。

告訴你一件事吧：我需要知道一件事的時候，我就會知道。以前決定在蘇格蘭的亞伯丁市（Aberdeen）建造全球最豪華的高爾夫度假村時，那些參與計畫的蘇格蘭官員我一個都不認識——可是等到動工的時候，該知道的人我全都知道了，該見的人大概也都見過了。不管是哪種計畫，在一開始我只知道我該知道的資訊，然後再蒐集更多資訊來確保最後的成果能令我滿意。而且我還有一批可靠的執行者，他們之所以叫「執行者」，就是因為他們懂得怎麼「執行」。

所以我的工作模式是這樣的：我會找到全世界最擅長做某件事的人，找到我們需要的人，然後我會聘請他們來做事，接著**我會放手讓他們去做**……不過我從頭到尾都會監督他們。

我們這個國家有很棒的軍事領導人，我們也培養了全世界最優秀的軍官和軍人，而且在我們情報系統工作的人也都非常聰明。這些人每日每夜都在處理要緊的問題，他們才是真正的專家，他們了解場上所有的參賽者。

我經商成功的其中一個原因，是因為我請了最好的人才，然後給他們優渥薪水鼓勵他們繼續替我工作。談生意的時候我會遇到對方公司派來交涉的人，有時候他就算沒能打敗我還是能給我不少壓力。我尊敬這種人，尊敬到有時候會直接把他們挖角來我的公司。

不過老實說，我不能怪休斯．西威特，因為他就跟梅根．凱利一樣，他知道攻擊唐納．川普就能吸引別人的注意力。我們短短一場談話讓這傢伙上了多少頭條啊，應該比他過去整個職業生涯都還多吧。他關心的才不是恐怖組織領導者的名字——他只在乎自己的知名度，而且他成功了。

這些人來來去去就是在玩這種無聊的老把戲，而人民總是排在最後順位。我們必須改變這種現狀。

簡單說，我們國家的媒體問題就是「譁眾取寵」；媒體界的競爭多到讓他們比起教育觀眾更注重娛樂觀眾。他們喜歡我是因為我幫他們吸引更多觀眾，他們討厭我是因為他們明白我不需要他們。我很久以前就學會怎麼直接跟最重要的人溝通——最重要的人，也就是再也受不了職業政客的所有美國百姓。

那就是你——真正的美國人——我寫這本書就是為了你。

*Chapter 3*

# Immigration: Good Walls Make Good Neighbors

## 移民問題——好圍牆造就好鄰居

宣布參選的時候我演講了快一個小時，演講中提到我們面對的每一個難題，不過最多人注意的是我對移民政策的看法……或者應該說，我對我們沒有明確移民政策這件事的看法。我對非法移民的態度很嚴厲，很多人不喜歡。我說，很多國家都把他們最爛的人丟到我們的國界，不能再這樣下去了，一個不控制好自己邊境的國家沒辦法存活下去——特別在現在這種國際情勢之下。

我說的都只是常識而已。我跟邊境巡邏員聊過，我們讓什麼樣的人越過邊境他們都很清楚，他們把他們觀察到的事情都說給我聽。南邊國家送過來的，不會是他們的菁英分子。除了墨西哥以外，還有其他國家的壞人跑來我們美國，他們從中南美各地跑來，很可能——很可能——還有中東來的人。我現在說一句話：讓幾萬名敘利亞難民入境絕對會帶來很多問題，可是我們不知道問題會有多嚴重，因為我們沒有能力也沒有防備，我們連發生了什麼事都沒搞清楚。不能再這樣下去了，我們必須盡速改變現狀。

後來我演說的時候又補充一段：「我會建一座高牆，而且不會花費很多錢。相信我，沒有人比我更會蓋牆了。我會在我們南邊國界蓋一座高牆，然後我會讓墨西哥出錢。記住我的話。」那天我說了很久，演說內容提到我們國家面臨的各種問題，結果媒體報導了什麼？「川普反移民」、「川普：移民都是強暴犯」、「川普將與墨西哥開戰」。你知道為什麼我們無法解決問題嗎？你知道為什麼我們一直沒辦法改變嗎？就是因為我們不面對問題，也不動手處理問題。

非法移民不斷湧進我們的國家，這是我們最嚴重的問題之一，我們快被移民問題搞垮了。可是在我那天演講之前，根本沒人在誠實討論這個問題。然後別人的反應不是：「川普說的對，我們應該立刻想辦法阻止非法移民入境，不然我們的國家就完蛋了。」而是：「真是的，川普怎麼可以這樣罵那些住在國界南邊的好人呢？希望他們不會因為這件事生氣。說不定他會道歉吧。」我能理解這種反應，因為批評我說的實話很容易，可是要承認非法移民是個危險問題並想辦法處理，真的很難。

我現在就說清楚：**我不反對移民。**

我的母親在一九一八年從蘇格蘭移民來美國之後嫁給我父親，我父親的父母也是一八八五年從德國移民來的。我的父母生前都是全世界最好的人，而這個國家因為有數億個跟他們一樣好的人才會如此美好、如此成功。

我愛移民。

移民來這個國家是想要努力工作、有成就、教養小孩，然後共享美國夢。這是個很美的故事，我閉上眼睛就能想像親戚長輩坐船經過自由女神、到紐約開始新生活的畫面，也能想像他們當時的想法。如果他們能看到當年冒險跟犧牲造就的成果，該有多好！這些人勇敢離鄉背井來美國打拼，怎麼不令人感動？

我不愛的，是「非法移民」這個概念。

這對那些排隊好幾年等著合法移民的人不公平，而且不斷湧入國境的非法移民造成了很危險的問題。我們都沒有保護好國界，我們不知道有誰來了，可是我猜他們原本的國家一定知道他們走了，而那些國家也沒有要幫我們的意思。據統計，美國現在有一千一百萬個非法移民，但沒人知道實際上有多少人，因為我們沒辦法追蹤他們的下落。

那我們知道什麼？我們知道有些非法移民是犯罪的根源。二〇一一年美國政府責任辦公室（Government Accountability Office）報告指出，我們逮捕入獄的人之中，有三百萬件都跟非法移民有關，包括數萬個暴力犯罪者。當時我們的監獄裡關了三五．一萬個非法移民犯罪者——這裡說的犯罪，是指非法入境以外的罪行。

我們一年花超過十億美元，把這些人養在監獄裡。

我相信大部分的非法移民都很誠實、善良又勤奮，來美國是為了改善自己和孩子的生活。美國代表希望，有哪個誠實上進的人不想來這裡為自己和小孩打造更好的生活？可是美國政府還是應該正視這個問題，也應該叫其他國家出來面對。我自己也很同情這些可憐人，他們有些人的國家情況真的很慘。

就算是這樣，我們也一定要阻止非法移民入境。一個不能保護自己邊境的國家還算是國家嗎？我們是全世界唯一一個在移民政策上，把他國的需求擺在自己前面的國家。

有一個字可以用來形容這種人：蠢。

我很尊重墨西哥人，他們非常有志氣，我也跟墨西哥的商人打過交道。可是今天墨西哥政府送來我們這邊的不是那些商人——大家都忘記馬列爾事件（Mariel boatlift）了嗎？一九八〇年，斐代爾．卡斯楚（Fidel Castro）告訴古巴人民：想離開古巴的人隨時可以走。當時的卡特總統（Carter）對前來美國的所有人打開大門，結果被卡斯楚將了一軍。卡斯楚直接清空了古巴的監獄和瘋人院，把他家最大的問題全部送過來；他輕鬆送走了國內最糟糕的人，然後變成是我們要面對這些人跟他們帶來的麻煩。那時有超過一二．五萬個古巴人來到美國，其中雖然有很多很多好人，但有的是罪犯，有些是精神異常者。從那個事件到現在已經過了三十年，我們還是要處理當年造成的問題。

真的有人會相信墨西哥政府——甚至所有中南美國家的政府——沒學到這招嗎？墨西哥政府還會印傳單說明怎麼非法越過美國國界呢！這就是我的重點——這整件事不只是幾個人想過更好的生活，而是外國政府做壞事，然後我們自家的職業政客和「領導者」沒做好自己的工作。

你能怪這些國家的政府嗎？只要這麼做他們就可以輕鬆處理掉國內最壞的罪犯，而且還不用付出代價。他們不用把壞人關進監獄，直接送來我們這裡就好了。

這些壞人帶來美國的是毒品交易和其他犯罪行為，他們有的是強暴犯；而我們看舊金山的狀況就知道，他們有的還是殺人犯。有人射殺了一位美麗的年輕女性——那個殺人犯曾經被墨西哥趕出境五次，本來應該在墨西哥坐牢，結果卻被送來我們這裡。

我們為非法移民付出的代價太大、太大了。

不能再這樣下去了。

我們必須做的第一件事，就是加固南邊國界——必須現在立刻開始。我們必須阻止非法移民湧入，最好的方法就是蓋一座牆。很多人都說不可能——你要怎麼蓋一座擋住整條邊界的牆？

相信我，做得到的。

沒有人比我更會蓋牆了。我會在我們的南邊國界蓋一座高牆。這座高牆不見得要從頭到尾封住邊境，因為有些地方已有天然屏障防守，有些區域的地勢太險峻人們難以跨越，我們的新牆只需要封守一千英哩的國界。

有人說我們做不到，不可能蓋一座長達一千英哩的高牆。但兩千多年前，中國人就蓋了將近一萬三千英哩的長城，誰也攻不破它。高大的城牆、無法跨越的戰壕和溝渠、高低不平的自然地勢，還有大約兩萬五千座瞭望塔，這些加總起來形成堅固的防護牆。相信我，這兩千年來我們築牆的科技進步了很多，我們跟中國人不一樣的地方就只是沒毅力而已。他們明白放著邊境不管的危險，他們為了處理問題動手築牆。再看看我們自己，我們整天討論這事討論個沒完，然後什麼都不幹。

蓋牆是有用的。以色列人花了每公里兩百萬美元蓋高牆——然後成功阻止恐怖分子進入他們的國家。很諷刺的是，整天嚷嚷不該築牆的人當中，有一些人還拿以色列成功的案例支持他們的論點。我們面對的恐怖攻擊程度當然沒有以色列嚴重，不過看看我們中東最親密的盟友這個案例，我們就可以清楚看到高牆對打擊恐怖分子多麼有用。

很多人都不曉得，就連墨西哥也在自己的南面國境蓋了牆——為什麼蓋牆？就是為了阻擋非法移民。

而且工程也沒有想像中那麼難，我們已經有一個模型了：例如亞利桑那州的尤馬縣（Yuma）就蓋了三座牆，中間隔了七十五碼無人區域供邊境巡邏隊開車巡視，然後他們架了監視攝影機、無線電通信、雷達，還有很好的照明系統。完工以後，這條一百二十英哩的「尤馬轄區」使得非法入境被捕的人數下降了七二％。這個結果已經很驚人了——而我的牆壁還會比尤馬的好太多太多。

築牆工程一定要盡早開工。然後墨西哥必須負擔築牆費用。

我再說一遍：無論如何，墨西哥一定得出錢。

怎麼讓墨西哥付錢？我們可以提高各種跨境交易費，我們可以提高臨時簽證的申辦費，我們甚至可以扣押非法勞工匯回本國的薪資。外國政府可以叫他們的大使館跟我們合作，不然他們跟我們美國的關係就會走下坡。

有必要的話，我們可以用關稅支付築牆的花費，或是減少給墨西哥的外援，或是直接對墨西哥政府表明：他們得出錢才能維持跟美國的關係——對他們來說這是非常有利的關係。

反正無論如何，墨西哥一定得出錢。

我不介意在牆上開一扇漂亮的大門讓人進出……**合法進出**。

築牆會是很好的開始，但光有牆還不夠。不過換個角度想，沒有那座牆的話，一切就跟那群老掉牙政客整天吵來吵去的東西差不多了。

我們想控制這個問題已經嘗試了超過七十五年，也試了各種解決方案，結果現在非法移民狀況空前慘烈。其中最有希望的一個，是前總統艾森豪（Eisenhower）

處理南境非法移民的方案，後來被人取了很糟糕的名字：「溼背人行動」（Operation Wetback）。儘管名字很難聽，這個計畫實際上卻成功了。這是移民及歸化局（INS）與墨西哥政府合作執行的計畫，他們組建特別的移民小組，很快地處理資料並遣返非法移民。計畫成功的其中一個原因，是因為他們抓到的移民都交給墨西哥政府工作人員處置，然後工作人員安排他們遷居到墨西哥中部，讓他們更有機會找到工作。實施計畫的第一年，有將近一百萬人被送回墨西哥。

我們需要的是我擬出來的綜合性計畫，我的計畫才能讓我們真正掌控移民系統。第一步是加強執行現有的法令；一個國家要嘛有法律、要嘛就沒法律，明明有法律卻不去執行是怎麼回事？然後除了防止壞人進來以外，我們還要把已經在國內的罪犯趕出去。只要他違反我們的法律就把他丟出去，就這麼簡單。我們幹嘛自己吸收把犯人供養在監獄裡的開銷？他們的國家本來就應該處理這些移民罪犯帶給我們的麻煩。如果這些國家拒絕領回罪犯，那就不要再發簽證給那些國家的人，讓他們的國民沒辦法合法進入美國。

在圍牆建成前，我也會把移民官的人數增加到目前的三倍：這些人的工作本來就很難了，更何況現在他們得不到足夠的支持。這樣說吧：現在的情況是大約五千個移民官努力想執行現有移民法條，可是他們得對抗超過一千一百萬名非法移民。要比較的話，洛杉磯警局有一萬人，紐約警局有三萬五千人。九一一事件過後我們的邊境巡邏隊人數增加到三倍，可是我們卻沒有實質增加移民及海關執法局（ICE）的人手——我們需要這些人來執行移民相關的法令。

職業政客最愛說什麼全國「E-verify員工身分電子查證系統」，說雇主可以用這個來檢查誰是合法入境、有工作資格的人，而誰不是。這個系統當然有保護美國失業勞工的效果，不讓他們的工作被搶走，可是我們別再自欺欺人了。我們的「領導者」該做的事就是領導，他們應該跟外國政府合作杜絕非法移民，而不是直接往我們自己的企業身上加一堆規範，以為光靠什麼網路驗證系統就可以解決問題。

我們必須中斷給庇護城市（sanctuary cities）的聯邦補助——因為這些地方拒絕配合聯邦執法單位，而且還支持犯罪行為——我們要了結掉他們。我再重複一次：我們要嘛是法治國家，要嘛就不是。

我們也得用必要的方式，確實執行我們的簽證限制規定。很多人拿了簽證之後合法入境，等簽證失效以後還非法居留，可是被抓到也不會怎樣。這種現況非改變不可。我們需要一些真正的處罰規定，非法居留的人一定要接受懲罰。我聽政客光說不做已經聽到耳朵長繭了，歐巴馬總統和他的人很會寫信也很會開記者會，但他們對不聽話的外國政府什麼都不做。

最重要的是，我們應該廢除或限制所謂的公民出生地原則，也就是我們常說的「定錨嬰兒」（anchor baby）。美國公民權是上天賜給我們的大禮，我們一輩子也無法衡量它的價值。所以當第十四條憲法修正案被解讀為「任何在美國出生的小孩自動成為美國公民」，然後小孩的家人就可以利用這個「錨」留在美國——這當然就成了吸引非法移民的巨型磁鐵。

第十四條修正案從來就不是那個意思。原本一八六八年通過這條修正案時，是南北戰爭剛結束的時候，目的是要讓被解放的黑奴也享有憲法中公民所擁有的權力。沒有一個正經的歷史學家會把國會紀錄補充項目拿來詮釋成這副德性，公民出生地原則本來就是為那些被解放的黑奴設計的，跟其他人才沒有關係。

直到一八九八年最高法院裁定，除了某些特定例外，第十四條憲法修正案賦予合法居留於美國者在美國領土上生下的小孩公民權。有非常多美國人都想改變這條法規，就連民主黨的哈利・瑞德（Harry Reid）也坦承說，「沒有一個精神正常的國家」會讓非法移民的小孩成為公民。每年在美國出生的這種小孩估計有三十萬個，因為他們的母親從南邊國界非法入境，或使用偽造的文件從他國搭飛機過來，這三十萬個小孩就可以獲得美國公民的所有權益。你知道有專門靠這個賺錢的人嗎！他們把這種行為叫做「生育旅行」（birth tourism）——懷孕的外國婦女來我們的國家旅行，然後真正的目的是讓生下來的小孩自動變成美國公民。

我們可沒本錢一直把公民權這個大禮送給別人，我一定會找到廢除這個規定的法律途徑。很多聰明人和律師都相信，憲法第十四條修正案不該被當作成為美國公民的全新捷徑；我們會用盡各種方法挑戰它，我們會在法庭上獲勝，也會在國會裡獲勝。

我不是要阻止合法的移民來這個國家，我甚至還想施行改革，在某些重要的方面增加移民機會。但我們現在的移民法條完全顛倒了——我們真正需要的人很難成為公民，反而我們不想要的人卻可以輕鬆進來。

這個國家吸引在世界各國出生的人，有些人明明聰明又勤奮，卻很難依照我們的移民法遷居過來。

來美國讀碩士的菁英學子想留下來為美國效力的時候，他們只能排著長長的隊伍等待自己的機會，真是太不可思議了。這些人大部分都永遠沒辦法等到機會。聰明的年輕人從全球各地來我們這裡留學，他們接受全世界最頂級的教育；當他們畢業時，我們給他們一張畢業證書和一張機票。他們錯在哪裡？錯在太老實守法。這些菁英很想留下來，結果被我們送回原本的國家，最後他們就會用在美國學到的東西和我們競爭。

但如果你是罪犯，或是非技術性勞工，或是躲避他國法律的逃犯，你就有辦法偷渡進我們的國家，還很有可能拿到好處之後再也不走了。這些「強制執行」政策跟這種顛倒的移民規則一定要改掉。我們的移民政策必須要改進，才能讓美國再度偉大。

我的移民政策其實很簡單。我們應該修法，讓對這個國家有幫助的人可以更容易地在這裡合法居留，然後完全阻止罪犯和其他人非法移民過來。我要世界各地的人都來美國，可是我要他們合法住在這裡；我們可以加速申請移民的程序，可以獎勵傑出和有成就的人，可是我們必須遵守法律程序。然後那些利用系統漏洞非法移民過來的人，永遠不該享有美國居民——或美國公民——的權益。所以，我反對讓無證移工還有其他非法入境居留的人成為公民，也反對能讓他們成為公民的所有途徑。

他們應該——也必須——回自己家，乖乖守法、乖乖排隊。

你猜猜看，有誰支持我的看法？就是墨西哥、中國還有其他想合法來美國的人，他們拿不到簽證或擠不進人數限額，卻一直看著幾百幾千萬人非法居留美國。他們不了解我們為什麼要這樣損害我們自己的利益。

如果你明明有法律卻不好好執行，那就跟沒有法律沒兩樣，最後大家都會無法無天。

我們可以大方一點，用比較人道的方式處理非法移民問題，但不管怎樣，一定要優先考慮我們美國自己的公民，以我們的安全與事業為第一。

我們的國家、我們的人民，還有我們的法律，都必須是第一優先。

★ *Chapter 4* ★

# Foreign Policy: Fighting For Peace

## 外交政策——為和平而戰

那些把我們的外交政策搞得亂七八糟的職業外交官說，我沒有制定外交政策的經驗。他們覺得成功的外交官需要有多年經驗，並且在下任何結論前得先仔細想過所有細節。唯有如此，這些穿著直條紋襯衫的官僚主義者才會**考慮**有所行動。

看看世界的現況吧，根本是一團亂。這還算是客氣的講法。

現在是前所未有的危險時期，華府的統治階級「內部人士」正是害我們惹上麻煩的元凶。那我們幹嘛繼續聽他們的？

有些所謂的「專家」想嚇唬大眾，他們

說我的做法會讓世界變得更危險。

更危險？比**什麼**更危險？比我們現在的情況更危險嗎？

我知道一件事——我們現在的做法行不通。很多年前，當我剛開始在企業界出人頭地的時候，我想出一個對我後來很有幫助的簡單處事態度：

**如果你發現自己越挖就越陷進坑裡，那就別再挖了。**

我的外交政策基礎就是：以力量為運作模式。意思就是，我們必須維持全世界最強軍力的地位，而且是遠超過其他國家的軍力。我們必須讓所有國家看到，我們願意用經濟實力獎勵合作的國家，然後懲罰不配合的國家。這代表那些替敵方洗錢、幫助恐怖分子的銀行和金融機構，我們都不能放過；然後我們必須和盟友建立雙方互利的盟約。

如果我們要繼續當世界警察，那就應該拿錢辦事。

老羅斯福（Teddy Roosevelt）一直都認為我們應該「溫言在口，大棒在手。」我從來不怕為了保護自己的利益出聲；老實說我不懂，我們為什麼不大聲承認我們在世界各地都輸得亂七八糟呢？如果我們不出聲，怎麼可能改變現況？怎麼可能再次成為贏家？

美國是全世界最強大的國家，我們不該害怕說出口。著名拳王「鐵拳」麥克・泰森（"Iron Mike" Tyson）曾說，他的人生觀就是：「每個人都有他自己的作戰計畫，直到嘴上中了一拳。」

我們要做的第一件事，就是訓練出打那一拳的能力。不管要花多少錢，我們都得給足軍方的經費。我在十五年前寫過一句話：「我們不能期望軍力和和外交向前進，因為軍方拿的是倒退走的經費。」

怎樣才能**避免**使用武力呢？最好的方法，就是讓大家都看見你的實力。

當大家都知道我們會在必要時使用武力，而且我們說話絕對算話的時候，他們對我們的態度就會不一樣了。

他們會尊敬我們。

現在沒人相信我們，因為我們在中東和其他地區的軍事政策太虛弱了。

考慮到另外一個選項的時候，你就會發現加強軍力其實很便宜。我們不但買來和平，還可以同時加強國防。我們現在的軍力很糟，我們縮減了軍隊而且沒有給他們最好的設備；招募菁英的行動很失敗，我們訓練出來的人也沒有達到我們要的水準；我們核武目前的狀況有很多問題。我在看這些報告的時候，真的很驚訝。

難怪沒人尊敬我們。難怪我們就是贏不了。

把錢花在軍事方面，也是聰明的投資。你覺得是誰在打造我們的飛機和船隻，還有我們的部隊應有的設備？答案是美國的勞工。所以投資軍方也符合經濟需求，因為在投入金錢加強軍備的同時，也可以讓幾千幾萬個失業勞工找到工作。

還有一個方法可以讓我們的軍隊現代化。如果其他國家依賴我們的保護，那他們不是該確保我們有能力保護他們嗎？我們提供了軍力和設備，他們不是該出錢嗎？

隨著石油價格變動，沙烏地阿拉伯一天大約可以賺五到十億美元。但要是沒有我們的保護，他們的國家根本就不會存在，更別提採石油賺錢了。而他們有回報過我們嗎？沒有，什麼都沒有。

我們保護德國，我們保護日本，我們保護南韓。這些都是富強的國家，可是他們連一毛錢也不給我們。

是時候改變這一切了。是時候再次成為贏家了。

在南北韓交界處，有兩萬八千五百位優秀的美國軍人，每天過著危險的日子。保護南韓不受侵犯的，就只有這些軍人了。那南韓給了我們什麼？他們賣東西給我們——而且還會賺上一筆。他們跟我們競爭。

我們在伊拉克不知道幹嘛就花了兩兆美元；到現在我還是不知道我們到底為什麼要出兵伊拉克，但反正做了就做了。伊拉克基本上坐在一片石油海上，要他們為自己的未來出點錢有很過分嗎？我們為了給伊拉克的人民帶來安穩的生活，付出了多少錢、多少血汗，我們的軍隊為了他們打仗；或許他們願意確保我們的軍隊能重整復元。

科威特被薩達姆．海珊（Saddam Hussein）攻擊時，有錢的科威特人全都逃去巴黎了。他們不只是住旅館套房——他們租了一整棟一整棟的飯店，在他們母國被敵人侵占的時候過著國王般的生活。

那他們找誰幫忙呢？還能找誰啊？當然是廢物大叔了。也就是我們。

我們花了幾百、幾千萬，派軍隊去拯救科威特。我們的國民受傷、死亡，不過最後伊拉克軍終於打道回府了。

戰爭結束後兩個月，幾個科威特人來我的辦公室，要跟我討論我提出的一項交易。相信我，這筆交易對他們絕對只有好處沒有壞處。他們告訴我：「不不不，我們不喜歡投資美國。我們很尊敬你，可是我們想投資美國以外的地方。」

我們才剛剛幫他們贏回國土耶！

我們的孩子們在幫他們打仗的時候，他們正在巴黎最豪華的飯店裡看電視。然後他們還不想投資美國？

我們究竟愚蠢到什麼地步啊？

美國為什麼沒有跟他們簽好協議，要他們付錢請我們幫忙打仗？那時候只要我們提出條件，他們沒有不答應的道理啊。

重點是，我們花了好幾兆美元當別國的保鑣——我們掏腰包買來替別人打仗的殊榮。這到底是什麼邏輯啊。

真的，是時候讓世界各國自己出錢了。只要由我當決策者，我就會叫他們付錢！

★　★　★

說到外交政策，大家最常問的就是：我們到底什麼時候該出兵？我們不能害怕出兵，可是派我們的子女去打仗應當是最後不得已的手段。我看過戰爭對孩子們造成的傷害。我看過他們被摧殘的身體，知道他們心裡住著可怕的陰影，也知道創傷對他們巨大的影響。沒有明確、實際的目標，我們就不該派美軍上戰場。

我的應對守則很簡單——如果我們要出手介入紛爭，那就一定要有直接威脅我們國家利益的理由。這個理由，應該要明顯到大多數美國人都能迅速理解我們出面的理由，並在地圖上指出重點位置。而且，我們一定得定出打贏後撤離的嚴密計畫。

換句話說，我的策略跟我們參加伊拉克戰爭的策略完全相反。

伊拉克不對我們構成威脅，美國人民根本不知道布希下令出兵的原因。

那時候我們優秀的戰略家還得扭曲情報，硬是擠出侵略伊拉克的理由。用海珊聲稱擁有的大規模毀滅性武器來合理化我們的行動。那時候壓根就沒有打贏、撤離的計畫（不然就是計畫太爛了）。在戰爭開始前，我站出來大聲反對出兵。這整件事對我來說都莫名其妙，我當時就說伊拉克戰爭會是一場災難，而且會讓中東地區變得不穩定。我說，少了伊拉克牽制他們，伊朗就會試著成為中東霸主。

後來發生的事就跟我說的一模一樣。

強大的武力在這世界上某些地方是必要的。伊斯蘭國是實實在在的威脅，他們是新種類的敵人，我們非阻止他們不可——拖得越久，情況就越危險。我們已經知道這些人想殺死我們，不需要再來一次九一一事件證明他們的殺意了。在阻止他們散播兇惡的恐怖主義這方面，我們下的功夫遠遠不夠；新聞頭條和影片都說得很清楚，我們面對的是強暴、綁架，還有把無辜平民排成一列斬首的傢伙。並且有力證據指出，伊斯蘭國很有可能在使用化學武器。

是時候認真回應了。我們要嘛為勝利而戰，要嘛繼續當個超級魯蛇。

很不幸的是，如果要打擊伊斯蘭國，我們可能得出兵。我認為不必大聲宣布我們的戰略。（說實話，歐巴馬總統犯了最可笑的錯誤之一，就是對大眾宣布我們從伊拉克和阿富汗撤軍的時間表。）如果軍事顧問建議出兵，我們應該投入有限——但足量——的地面部隊。在空戰方面，我們可以輕易擴展空中行動，讓伊斯蘭國在那個區域內沒有安全的藏身之地。我們之前當戰場「顧問」的政策實在是失敗得離譜。

除此之外，關於我們接下來的行動我還有一個獨特的想法。伊斯蘭國是我們最暴力的敵人，他們手上握有伊拉克和敘利亞的石油——應該由我們拿走的石油。他們就是用那些石油、擄人勒贖跟敲詐勒索來提供軍隊的資金。我主張炸爛那些油田，切斷他們的資金來源。這對世界石油供應的影響很小，可是會大幅削弱他們的財力，讓他們沒辦法繼續進行恐怖攻擊。

我們一定要斷絕他們的石油來源，因為那是他們的財源。我們要又快又狠地從各面向打擊他們，打得他們措手不及，然後一直打、一直打，直到伊斯蘭國不再對任何人產生威脅為止。

我們沒有其他選擇。這群人根本是中古世紀的野蠻人，他們砍人頭、把人淹死、用酷刑虐待人，我們永遠不能讓他們找到立足之地。

伊斯蘭國的軍隊相對比較小，我們的情報機關認為他們的軍人不超過三萬到五萬人。大多數的人聽到這個數字都會嚇一跳，因為伊斯蘭國的恐怖宣傳做得太好了，大家總以為他們人數很多。事實上並不是這樣；伊斯蘭國的全部軍隊加起來，大概連紐約洋基球場也坐不滿。所以想打敗他們就要認真投入軍力，不管他們在哪裡都要毫不留情地打擊他們，一直到他們所有人都死光為止——然後我們也要找其他國家來幫忙。

伊朗的問題就複雜多了。

歐巴馬總統做錯事的時候，我不會不敢批評他。二〇〇八年他競選總統的時候，說了一句很正確的話：「伊朗是非常嚴重的威脅。它私下擁有核武，它出資支持該地區的恐怖主義以及伊拉克的民兵組織，它對以色列的存在構成威脅，而且它否認猶太人大屠殺事件。」

那為什麼當伊朗經濟困難的時候，歐巴馬會同意簽訂核武協議，釋出幾百萬美元的資產讓伊朗繼續資助他們的恐怖事業？根本莫名其妙。

伊朗過去是個強大的國家，直到一群宗教狂熱者掌握了執政權。只要政權在這些人手上，伊朗就是我們的敵人，也是對以色列存在的一大威脅。他們的最高領袖阿里・哈米尼曾經對全世界保證，二十五年後以色列這個國家就不會存在了。我們得認真看待這個威脅，然後採取對策。

我一直都很關愛也很欣賞猶太人，也一直都支持我們和以色列之間的特殊情誼。美國的下一任總統必須修復兩國長久以來的合作關係，我們過去都站在以色列這邊，以後也會繼續站在以色列這邊。為什麼？因為它是那個區域唯一穩定的民主政權，因為它過去已經成為很好的貿易夥伴，也跟我們一樣是醫學、通訊、科技與能源開發等領域的先驅者。我們兩國之間的關係，在遙遠的未來還會持續互助互益。

我們和伊朗之間的距離，只會暫時拖住伊朗。如果，或者等到他們發展出能觸及我們國土的飛彈，他們對我們的威脅就更大了。與此同時，他們用金錢資助世界各地的恐怖集團——這些集團對我們的國家，和我們在海外的軍隊造成了實質的威脅。現在，我們的敵人已經不需要強大的軍隊或花幾百萬美元研發飛彈了，只要一、兩個恐怖分子就能用現今科技對我們造成可怕的傷害。我們必須阻止伊朗資助這些殺人犯。

但是你看看吧，我們還是輸得一蹋糊塗。

歐巴馬總統跟伊朗達成的協議，是我見過最爛的協議。不可能再更爛了。

當時伊朗明明已經被困住了，國際制裁也對他們造成了傷害……結果歐巴馬總統賭上他的「傳世英名」要達成協議。還沒開始協商，那群伊斯蘭教徒就吃定歐巴馬若不達成某種協議就會顯得比以前更沒用，直接扒了他一層皮。

太難看了。

那次協商我們做盡了蠢事。伊朗明明就是因為受不了國際制裁才要協商的，結果我們不加重制裁，反而直接取消制裁。

協商任何事情都有一條不變的道理——**最需要達成協議的那一方，就應該是拿到最少好處的那一方。**

換作是我，就會一直加重經濟制裁，直到伊朗的情況差到他們的領導者只能來求我們訂下協議。

換作是我，就會直接提出對方不得不同意的條件，首先當然是要求他們釋放我們的四個人質。

換作是我，就會要求他們完全拆除核武設施、摧毀所有離心機，還有允許我們隨時檢查他們的任何設施，除此之外我都不接受。

但我們沒有談成上面所說的任何一項條件——一項都沒有！——而且還釋出了被凍結的幾百萬美元。

我們根本就是付了錢，然後讓他們逼我們接受糟糕透頂的協議。這就等於是我跟人協商要在哈德遜河畔再蓋一棟豪華大樓，這棟大樓還要每一面都享有五十英哩的絕佳景觀，結果商量到最後，我拿到的許可只能蓋一棟面壁的三樓小屋。

伊朗拿到了他們要的（被凍結的資產），然後似乎也讓了一大步——但仔細想想就會發現中間的漏洞超級多，多到幾乎不可能強制執行任何有意義的約定。

伊朗很有可能公然跟全世界做對，自己發展核武。如果伊朗想阻止我們（或是國際原子能總署）檢查他們的設施，我們除了軍事行動以外也不能怎麼辦。聯合對伊朗執行制裁的國家已經散光光了；附帶協議的墨跡還沒乾，那些國家——有些根本完全不關心以色列——就派人在德黑蘭談生意了。

然後歐巴馬總統還不讓國會看協議內容。等到伊朗的新「生意夥伴」開始賺錢，就再也不可能重新進行經濟制裁了。

很不幸的是，協議已經達成了。一旦撤消制裁就回不去了，不可能急轉彎了。單方面恢復制裁一點用也沒有。我特別擅長讀合約，每一個約定總會有幾個漏洞；我們得找到漏洞，然後有必要的話讓他們把錢全部吐出來。

不管怎樣，不管我們怎麼做，就是不能讓伊朗做出核武。

要讓伊朗永遠拿不到核武，有很多不同的方法。如果伊朗的領導者想成為文明世界的強權，也意識到最好的做法是取消整個核武計畫，那我很樂意跟他們坐下來談。握有核武的伊朗會在中東開啟核武軍備競賽，最後很有可能導致毀滅性的後果。情況會快速升溫，以色列會面對前所未有的威脅，然後逼得我們不得不用極端手段保護以色列和那附近的盟友。

不管伊朗現在怎麼想，這件事絕對不會發生。

★★★

今天的世界，必須面對中國的「兩個面目」。

「好中國」建造了宏偉的都市，為數百萬人提供住處跟教育。它讓國民去世界各地旅遊並接受教育，也幫助中產階級逐漸成長。

「壞中國」一般不為外人所見。它限制國民上網、鎮壓政治異議者、強行關閉報社、監禁反對者、限制個人自由、發起網路攻擊，還利用其在世界各地的影響力操控經濟。

同時，還不斷增強它的軍事實力。

毫無疑問，跟中國和俄羅斯周旋，會是我們最具挑戰性的長期課題。

現在我們跟中國的競爭主要是在經濟方面，而且我們長期以來一直處下風。中國已經成為我們的第三大貿易對象，只輸給我們的鄰居加拿大和墨西哥。可是中國手握著更多的美國債務——超過一．五兆美元——比其他國家都來得多。（雖然我們欠日本的數目也不比這少太多。）二〇一五年夏天，當中國股市崩潰之際，我們可以看到兩國的經濟綁得死死的，而且還是一種很負面的連結。

很多年前有句俗話說：「通用汽車（GM）打噴嚏，股市就感冒。」在那個年代，通用汽車對經濟的影響力大到只要它隨便絆倒一下，我們的經濟也會跟著受傷。最近中國股市急速下滑，我們自家的道瓊工業平均指數（Dow Jones Industrial Average，DJIA）也在幾天內猛跌一千點，投資者全部落荒而逃。同樣的，我們的貿易逆差也嚴重拖累了國內經濟。當中國的貨幣貶值，我們原本就不穩定的國際收支也會跟著被打亂。

我們都知道，我們近年越來越依賴中國市場——不過他們也越來越依賴我們了。二〇一四年，我們比世界上其他國家多進口了一七%的中國貨物；第二名是香港——一個完全隸屬中國的區域；排名第三的日本，則與前兩名差距甚遠。中國的經濟非常依賴我們，他們比我們更需要中美貿易。

可是我們傻傻的，都沒有好好利用這點。

過去數十年來，中國經濟每年成長九%到一〇%之多，實在非常驚人，到最近才稍微開始冷卻。儘管近年狀況有了些變化，經濟學家還是預測中國會在十年內取代美國成為全球最大經濟體。那我們做了些什麼來確保美國會有能力跟他們競爭呢？我們為了打敗他們採取了什麼措施呢？

我來告訴你吧：我們直接放棄了。

有些人希望我不要把中國說成我們的敵人，可是他們就是我們的敵人。他們用低薪勞工摧毀好幾個產業、搶了我們幾萬個工作、刺探我們企業的情報、偷走我們的科技，還刻意讓他們自己的貨幣貶值，使得進口美國商品變得更貴——有時候甚至不可能進口我們的貨物。

我有經驗，我知道這是個很難解決的問題。中國商人很精明，而且他們的製造業勝過美國——我有一些川普品牌產品就是在中國製造的。

從這個例子，就可以看出政客和商人的差別了。我如果想在市場上生存，就必須比競爭對手還要聰明。如果我拒絕找中國代理製造我的產品，就可以傳達一個非常重要的訊息。

只要在現在的狀況下進行遊戲，美國的公司就沒有別的選擇。第三世界國家的生產成本非常低，他們的經常性費用比較低，付給員工的薪水也少很多。我作為商人，有義務用最低的成本生產最好的產品，這樣才對得起我的員工、消費者和股東。

可是就美國的全球政策來說，我們希望能拿走中國的優勢。二〇一四年歐巴馬總統去了中國，他們為他舉辦了一場華麗的宴會。中國共產黨中央委員會總書記習近平到美國訪問前，白宮就宣布了舉辦盛宴的計畫。當時我就說，換作是我才不會為了習近平辦國宴，而是會跟他說「是時候談正事了」，然後開始工作。首先，中國必須停止貶低人民幣的行為，因為這樣會讓世界上其他國家更難跟他們競爭。

事實上，我們需要中國的貿易，中國也需要美國強大的經濟實力。例如二〇一五年五月，中國當月出口的產品每賺五美元，其中一美元就是美國買的。他們的出口商品有二〇%都是由我們買下，比第二名的中國出口對象歐盟多了不少，而且美國佔的比例每年都在增加，讓中國繁榮的經濟越來越依賴美國消費者。

史提夫・富比世（Steve Forbes）在他的雜誌裡寫道：「中國持有的美國國債，在二〇一三年達到新高，讓許多人在心中敲響了警鐘。但不必驚慌，因為這只強調了北京政權的實力與繁榮，比過去更仰賴美國與世界各國此一事實。」

別忘了：**我們需要中國，但中國也同樣需要我們。**

說不定還更需要我們。

那我們該怎麼做？我們要利用我們的影響力改變現況，把情勢轉到對美國和美國人民有利的位置，第一步就是對中國人擺出強硬姿態。我跟中國公司談過生意，我了解他們的經商模式。其實我是中國最大銀行的房東，他們在川普大廈（Trump Tower）租辦公室，我們談成了好幾份租約。這當然不是什麼簡單的任務——這些人都是談判高手——但是我從不退卻。

相信我，我認識我們國家最棒的幾個交涉者，他們之中很多人都願意為了創造良好的國際收支努力。如果卡爾．伊坎（Carl Icahn，譯註：美國商業富豪與投資商人，同時也是艾康企業〔Icahn Enterprises〕創辦人）這種人代表美國出面協商，那我們的貿易政策鐵定能變得很不一樣。

其實我們手上的牌組非常好，可惜我們的政客不是太遲鈍就是太蠢，所以沒辦法理解這件事。我們有幾個很好的選項可以選，可是永遠要記得保持彈性——然後永遠不要秀出手裡的牌。我們的政客都太愛亂講話了。

歐巴馬總統常常用一些很強烈的說法，也常常保證會採取強力的行動……可是到最後什麼事情都不會發生。

他一直保證會做這做那的，然後從來不履行諾言，最後會怎麼樣？他會失去所有的信用。不知道我們過去偉大的將領，像是麥克阿瑟（MacArthur）和巴頓（Patton），如果聽到總統把我們在中東的作戰計畫說出去或是挑釁敵人，他們會怎麼說呢。

最近有一篇寫得很好的報導，裡頭引用一位商人說的話，說我就是因為「難以預測」所以能賺大錢，他也說這是我的優點之一。現在我競選總統——之前很多專家都預測我不會參選——這個「難以預測」的特性，也讓那些想抨擊我的人很難下手，因為他們不知道怎麼對抗我的言論。這些人都乖乖按照既定規則玩遊戲，走的每一步都很好預測；他們努力想迎合大眾的傳統觀點。所以當我拒絕陪他們玩這個遊戲的時候，他們根本不知所措。

在軍事衝突時，亮出自己的底牌是最蠢的錯誤之一。我讀了很多歷史，但我怎麼沒聽說喬治・華盛頓（George Washington）將軍有先在福吉谷（Valley Forge）預定旅館，或是派人先去翠登（Trenton）跟黑森兵（Hessian）說聲好呢？出其不意才能打勝仗。所以我不會跟對方說我要做什麼，我不會警告他們，更不會讓他們輕鬆地把我歸類成某種很好預測的模式。我不想讓人知道我在做什麼或想什麼，我喜歡當個難以預測的人。

這樣他們才站不穩陣腳。

作為領導者，我也知道有時候應該把牌拿好，絕對不給別人看見。像是我想買土地蓋摩天大樓的時候，我得先買下很多一小塊一小塊的土地，最後再合併成一塊很大又很值錢的土地來蓋大樓。這時候就必須徹底保密，如果那些土地的賣家知道我的計畫，那他們就可以從我身上榨出更多錢了。

我的重點是，我們現在說得太多了。

跟中國周旋的時候，我們必須抬頭挺胸面對他們，提醒他們：一個商人老是佔大客戶的便宜，最後生意肯定做不好。然後我們兩方應該坐下來，好好討論該怎麼讓兩國貿易關係更公平。

不可能有一體適用的外交政策。我們必須清楚表達我們的立場，然後讓他們去擬出政策大綱。

一切都得從強大的軍事實力出發。一切。

我們會擁有美國歷史上最強大的軍力，我們會配給軍人最好的武器和最好的防護設備。

就是這樣。

我指的是最好的飛彈系統、最好的網路戰訓練與設備，以及訓練出最好的軍人。當他們在戰爭結束後回到家園，渾身傷痕累累之際，我們的軍隊也不必等上好幾個月才能接受治療。

這些人保護我們、服務我們，我們應該給他們最棒、最快的醫療照護。目前我們的退役軍人想接受應得的照料經常要等很久，這實在荒謬；這些人明明是我們的英雄，結果卻被政府給遺忘了。

所以，我們該怎麼轉變情勢，再次成為贏家呢？

就像我說的，第一步就是組建全世界最先進、最有力、最有機動性的軍隊。我們必須讓沙烏地阿拉伯、南韓、德國、日本和英國支付部分費用，畢竟是我們在保護他們，他們也應該分攤費用。

再來，我們必須以經濟實力作為所有行動的出發點。我們擁有全球最強的消費團體，該做的就只是完整利用這個優勢。

沒有人比我更喜歡做生意，不過我做的每一筆交易都會有一個共同目標——讓美國勝利。

我們必須利用美國市場的經濟實力和美國的消費能力來幫助朋友，然後告訴敵人：只要配合我們，就能得到好處。

我們必須利用這些優勢跟我們的天然盟友（natural allies）形成更強的聯盟，但當我們需要他們時，他們不能不露面。我還是不懂，為什麼普丁的軍隊進入烏克蘭的時候，德國跟其他國家就木然看著事情發生。再看看中東，如果是以色列，一定會一直驕傲地站在我們這邊。

還有最後，我們必須特別注意中國，不能再讓他們用貿易保護政策和網路盜竊來搶我們的工作、佔我們的便宜。

嶄新的黎明已降臨美國。

★ *Chapter 5* ★

# Education: A Failing Grade

## 教育——失敗的制度

我父親沒有讀大學。他年輕時忙著工作打拼、創建他的事業，不過他明白教育的價值，也意識到教育的重要性。他非常尊敬有大學學歷的人——雖然他自己創了規模很大的房地產事業，賺的錢也比大多數念過大學的人多好幾倍。有了我父親的經濟支援，他的弟弟約翰（John Trump）在哥倫比亞大學拿到物理碩士學位，然後在全美聲望最好的大學之一——麻省理工學院——拿到博士學位。約翰後來成為麻省理工學院的知名教授，發明了最早的幾台百萬伏特X射線機之一，用來拯救癌症患者的性命。在二次世界大戰期間，他在雷達的發展上有重要貢獻，接受前總統杜魯門（Truman）頒發的總統貢獻獎（President's Certificate of

Merit），也得到了美國國家科學獎章（National Medal of Science）。

我從父親和叔叔身上，學到了勤奮工作還有良好教育的重要性；也從自己身上學到了把兩者加在一起的結果。我讀的是賓州大學華頓商學院（Wharton School of Finance at the University of Pennsylvania），在我心目中，那就是美國最棒的商學院——也有人認為是最難錄取的商學院。

我知道，就算是職業政客也會同意我這句話：教育是很好的。政客要認同這句話很容易，不過問題是，我們要怎麼做才能把最好的教育提供給最多美國小孩？

因為現在我們根本沒做到這件事。

我們所謂的領導者在各個領域搞破壞，美國的教育系統也不例外。我們的教育系統不及格，我們在全世界排名二十六——二十六！太丟臉了。我們每人平均花在教育上的錢，比世界上任何一個國家都多——可是在已開發國家中，有二十五國給小孩的教育都比我們好。這是完全不能接受的。

問題有一部分出在政客身上！他們沒辦法實施一體適用的綜合性全國教育。我們的州政府和地方行政體系明明自己就可以決定怎麼教育孩子，可是聯邦教育部還一直說這說那的。不行再這樣下去了。共同核心課程標準沒有用。

很多人相信我們應該直接廢掉教育部，把它給扔了。就算我們不完全廢除這個體制，也絕對該減少它的權力和影響力。教育就是該因地制宜；共同核心課程標準、有教無類法案（No Child Left Behind）還有邁向巔峰計畫（Race to the Top），都奪走了家長和地方教育委員會的決策權，這些計畫讓教育部裡的進步教學派對孩子灌輸思想，而不是教育我們的孩子。他們的做法不符合美國的管理模式。

我完全反對這些計畫，也反對教育部；它們太失敗了。我們不能再這樣辜負孩子了——他們是這個國家未來的希望。

我讀過軍校——紐約軍校（New York Military Academy）。那是個非常非常嚴格的地方，到處都是以前當過教育班長的教官，這些人喜歡大吼大叫，而且他們比什麼都愛打架！教官對我們要求很高，從課業到個人衛生都管得非常嚴。我在那裡學了美國歷史，也學會把衣服摺整齊後疊起來——雖然這個技能在人生的路上用處不大，不過這些訓練讓我和軍校同學學會了紀律、專注和自力更生。

軍校的主要規則很簡單：你要嘛一次做到位，要嘛重來一次。最近我一位軍校室友被採訪的時候說：「軍校教你怎麼當領導者，它教你『如果你輸不起，我就讓你輸得徹底』……誠實和正直是那裡的鐵則，不准說謊、作弊、偷竊或容忍做這些事情的人，這些道理都深深印在我們腦中。」

這很可能就是我（在這之前）一直沒有從政的原因！

我們的全國教育系統本來就不該限制在閱讀、寫作、數學、歷史和自然，原本設計教育系統是為了教育出多才多藝的年輕人，讓他們能在這世界上取得成功。除了接受教育以外，我們的小孩畢業前應該學到一些基本價值觀、自我約束的能力還有生活技能，學點常識也不錯。現在我們的學校都不教這些東西了，不教他們怎麼準備面對現實世界，反而更注重小孩的自尊心跟讓他們自我感覺良好。政治正確的群體攻佔了我們的學校，結果就是我們失敗的教育辜負了孩子，而再這樣下去，總有一天我們的孩子會辜負美國。老師擔心小孩會因為考試不及格而心情不好。讓我來告訴你，要怎麼樣他們心情才會好吧。

勝利。

成功。

我們已經把課綱調整到最小公因數，甚至很多學校都不給學生打分數了，畢業證書基本上已經貶值成出席證明。

我們的學校、我們的老師和我們的孩子，都有能力做到更多。非常多。

問題就是我們選了最輕鬆的路；我們不設定高標準、不要求他們做到更多，反而降低了對他們的期待。我們必須更嚴格。忘了什麼自尊心吧，我們必須開始挑戰我們的孩子，我們必須在孩子不夠努力的時候讓他們嚐到失敗的滋味。

企業界每一位成功人士都經歷過很多次失敗——可是他們夠剛強，在受挫後還能一次又一次站起來接受挑戰。小孩必須學會這個觀念：想成功就得堅持不懈。孩子應該克服難題和熬過改進自己的困境，從這之中得到的，才是真正的自尊心。

但如今，有些老師和學校行政人員更在乎學生心靈受創、家長控訴他們太嚴格之類的問題。我們沒有加強競爭力，反而去除了競爭的元素，實在太不可思議——也錯得太離譜了。

有了競爭你才會變強，有了競爭你才會更努力去做更多事情。一家公司不管有多良心、自我感覺多棒，不能跟別人競爭就是會倒閉。小公司也面對一樣的挑戰，老闆就是得努力為生存競爭，不然就等著被淘汰掉。

就是因為「競爭」這個因素，我非常贊同讓學生選擇學校。學校之間應該多競爭、多搶學生，如果沒有家長想送小孩去某間學校它就會倒閉的話，那我保證每間學校一定會進步。爛到招不到學生的學校就會關閉——這是件好事。

過去二十年我一直勸政客敞開學校的大門，讓家長決定哪間學校適合自己的小孩。專業的教育工作者也期盼各種選項，諸如教育選擇權（school choice；譯註：給家長與學生選擇學校的學生分派計畫）、特許學校（charter school；譯註：政府負擔教育經費但交由私人經營，除須達到預定的教育成效之外，不受一般教育行政法規限制）、學券制（voucher program；譯註：政府向家長發放教育代金券，在補貼教育的同時引入市場競爭）、磁力學校（magnet school；譯註：開設地方公立學校不具備的專門課程，吸引資優學生與各種能力水平的學生來就學）和機會獎學金（opportunity scholarship）。

這些制度跟計畫，你愛怎麼叫就怎麼叫，到頭來目的都是一樣的——促進競爭。

反對讓家長選校的人說，這麼一來優秀的公立學校就不用玩了，最頂尖的學生都會被特許學校跟磁力學校吸走，剩下來的小孩還會心靈受創。

然後這些人突然開始抨擊競爭帶來的優點。

我們來看看論據吧。雖然特許學校的數量明顯上升了，它們在公立學校中佔的比例還是很低，但是這些特許學校似乎真的起了某種作用，尤其在市區。史丹佛大學的教育成果研究中心（Center for Research on Education Outcomes）觀察了特許學校在四十一個市區造成的影響，發現比起一般公立學校的學生，特許學校的學生數學進度超前四十天，閱讀進度超前二十八天。不管怎麼看，這都是很顯著的影響。

好，我知道贊成跟反對教育選擇的人都可以報出源源不絕的數據，證明特許學校很成功或是根本沒幫助，這都是很合理的辯論立場。可是除了正在競選某個職位，需要教師工會選票的政客以外，任誰都看得出來小班教學、個人化教育跟更嚴格的管教方式，一定有很大的正面影響。讓老師為學生的學習負責很重要沒錯，但是我們不該繼續用機械性的標準測試來評估他們的表現，而是該接受各個成功案例，用這些案例作為典範來促進其他人進步。

我比較不擔心有錢社區長大的小孩，那些地方的房產稅很高，所以有錢蓋好學校、請最好的老師還有提供學校所需的一切用品。那些學校都不用我操心。

不過在很多市區，學校得努力爭取才能拿到稅金，這些學校不得已只能請老師和學生自己準備紙筆之類的文具。這是我們全美國的悲劇。

公立學校最大的問題，就是在很多地方你都沒辦法公正地評估它們的表現。如果一間特許學校辦得不好，它就會倒閉——我們的教育系統就是需要用這種方式負責。

教育革新的一大阻礙，就是教師工會的勢力。教師工會反對選校，因為這代表工會保障的一些職位可能會被裁撤。舉個例子，紐約的工會勢力從很久以前就很龐大，大到四十多年前伍迪．艾倫（Woody Allen）的電影《傻瓜大鬧科學城》（*Sleeper*）裡有一幕是說，有個人在未來醒來，別人告訴他過去的世界已經毀滅了，毀滅的原因是因為強大教師工會的會長「拿到了核彈彈頭」。紐約市教師工會敲出了很多有力的合約，因此現在幾乎不可能懲處老師，更別提開除他們了。

在紐約的系統裡，當有人對一位老師提出合理控訴的時候，他們不會快速開聽證會判定這個控訴有沒有根據，而是會讓老師待在「橡膠房」（rubber room）裡等著開聽證會。

然後他們就一直等一直等，坐在空空蕩蕩的教室或裝修過的儲物間裡，什麼事都不幹——可還是照樣領全額薪水；有些老師甚至可以等上好幾年。難怪大家把這叫做「橡膠房」——這整個概念完全有病，但這就是教師工會強迫紐約和其他城市簽的合約。當教師工會反抗選校的時候，就等於是告訴大家，他們的商品不夠格在自由市場上競爭。也許他們說的對。那好老師呢？他們也可能會被卡死，只能任由工會擺布。

這些工會基本上獨佔了市場，怎麼可能不保護自己的地盤呢？順帶一提，麻煩的工會還不只教師工會——在紐約市，工友早上是跟學生同時到校的。意思就是說，學校的鍋爐可能都還沒熱、門還沒開，學生只能在外頭等人來開門。

我就直說了，我不喜歡教師工會，可是我非常敬佩與欣賞老師這個職業。我們大多數人都可以舉出一、兩位深深影響我們人生的老師。可是我們讓教育成了很困難的工作。好老師熱愛教學，他們尊重且以自己的工作為榮。但在太多太多間教室裡，他們管教頑劣學生的權利卻被我們剝奪了。這些老師除了教育之外，硬生生被我們加上了保姆的工作。

還有，很多好老師拿到的薪水都很少。我們社會做了一個很有趣的選擇：白天大部分時間，我們把小孩託付給老師照顧，老師對學生的成長學習影響自然很大；可是我們付的錢，卻不足以吸引最優秀的人來從事教育業。

很不幸的是，老師並不是照功績給薪水，晉升的標準也是按工作幾年——年資——來算。有太多條件極差的學校了，認真想啟發學生的老師，心中的熱忱很快就會被澆熄；而爛老師無處可去，所以就繼續待著。所以這麼一來，老師能力越差，拿到的錢越多。

根本就是我們應該做的事情……的相反。

讓教育業更吸引人的方法之一，就是讓紀律重回學校。我們有很多學校都不安全；門口裝金屬探測器雖然可以防止孩子帶武器進學校，卻不能防止他們製造問題。鬧事的孩子搶走了其他小孩學習的時間，我們必須更嚴厲地管教這些壞寶寶，不能再憐憫他們了。

我不是說我們要回到體罰的年代，而是說我們必須重新訂下校園品行規範，並且請受過訓練的保全人員來幫忙實施這些規範，家長也必須加入才行。

很多小孩的行為問題都是從家裡開始的。每個家長都應該問問自己：我有沒有給孩子做好榜樣？

與此同時，對這個國家的未來而言，最重要的就是我們的大學了。我們擁有全世界最好的高等教育，這就是世界各國年輕人特地來美國讀大學的原因。

問題是，高等教育的學費漲個不停，大學教育成了遙不可及的東西；很多想繼續念書的學生要嘛付不起學費，要嘛申請鉅額助學貸款來繳學費。我們沒有幫年輕學子去接受他們需要的教育，反而還讓他們更難接受大學教育，結果只剩有錢人家的小孩讀得起大學。

我父親沒有大學學歷還是取得了成功，不過這在今天比過去難多了。根據人口普查局（Census Bureau）報告，有學士學歷者平均一年賺五萬一千美元，比只有高中學歷的人多了兩萬三千美元；而高中輟學的人，年收入幾乎是這個數字的三分之一。

我去大學演講的時候，學生都會圍著我問兩個問題：第一個是，我能給他們或幫他們找工作嗎？第二個是，他們的助學貸款怎麼辦？這些年輕人大學都還沒畢業，也還沒開始工作，未來就已經抵押給別人了。

在今天，你用四年換來的學位，同時也製造了六位數的負債。如果想攻讀研究所或醫學教育，一個年輕專業人士到畢業時，可能會欠下十萬到二十萬美元的負債。

如果學生弄不到足夠的獎學金或助學貸款，家長就得冒著退休沒錢用的風險幫忙繳學費了。他們可能得借錢，如果房子的價值夠高，通常會再去抵押一次。

我們不能幫他們把債務一筆勾消，可是我們應該用其他方法幫助他們。

最大的問題出在聯邦政府身上。聯邦政府沒道理因為貸款給學生而獲利，這只會讓已經很麻煩的問題變得更慘。二〇一三年，聯邦助學貸款方案（Federal

Student Loan Program）賺了四百一十三億美元。

政府哪裡都能賺，就是助學貸款不該賺。偏偏政府就賺要這個錢。

你覺得這跟大學每年學費一直漲有關聯嗎？我們應該把助學貸款視為對美國未來的投資。

到最後，我們別無選擇。我們必須改變我們教育孩子的方式，把對學校的基本控制和責任還給州政府跟當地社區。他們必須為老師和學生設定標準，表現優異、競爭力高的人就給予獎勵。我們各地的社區必須把教育放在第一位，房產稅跟其他經費也要彈性使用。最重要的是，家長也必須教小孩紀律、專注和熱情的態度，因為光靠學校是沒有用的。

我們住在一個競爭非常激烈的世界。仔細看看，你會發現很多科技產業都被亞洲國家佔據了，我們該警惕一下。

我們國家的未來現在正在教室裡讀書。

有了良好的教育體系，我們才能向前邁進一大步，讓美國再度偉大。

Chapter 6

# The Energy Debate: A Lot of Hot Air

## 能源之辯——滿口空話

相傳馬克・吐溫（Mark Twain）說過一句話：「每個人都愛講天氣，可是沒有一個人對天氣有所作為。」我們顯然是想證明他說錯了。

我們竟然把天氣變化怪在人為因素上頭。一開始，這些號稱是「專家」的傢伙說我們造成了全球暖化，結果氣溫開始下降的時候，科學家又把這些變化叫做「氣候變遷」。

現在這些「專家」根本分不出氣候太冷還是太熱，所以最新的用語是「極端天氣」（extreme weather conditions）——一個詞涵蓋了沸騰的熱到結凍的冷之間所有天氣現象。不過說法再怎麼變，他們的意思都一樣：根據這些人的說法，我們燒化石燃料的副產品（by-product）跑到大氣層，然後改變了自然的天氣型態。

歐巴馬總統在二〇一五年的國情咨文（State of the Union address）演說中宣稱，現今對地球最大的威脅就是氣候變遷。最大的威脅?!我們可以看到，伊斯蘭國士兵砍下了無辜基督教傳教士的頭；敘利亞有一群敵人，支持一位用化學武器對付自己國民的獨裁者；有數百萬美國人抵押的貸款高出了房屋本身的價值，而中產階級的收入不見增長、超過四千萬國民只能每天過貧困的生活。

然後總統最關心的議題竟然是氣候變遷？

回顧歷史你就會發現，這個國家最嚴重的龍捲風災害主要發生在一八九〇年代，最嚴重的颶風則是在一八六〇到一八七〇年代。劇烈的氣候「變遷」根本就不是什麼新奇的事。

我們甚至還有過冰河時期呢。

我只是不認為這些是人為因素造成的。

所謂全球氣候變遷給我們帶來一些麻煩，這點我同意——它害我們浪費了數十億美元發展我們其實不需要的科技，解決我們所謂的能源問題。

歐巴馬總統提出了一個叫「設限與貿易」的計畫，也就是給企業設定一個每年二氧化碳排放量的最高限制，這麼一來，你只好被迫降低二氧化碳的排放量，不然就是為超過限制的排放量多繳一筆稅。因為歐巴馬總統沒能讓國會通過這個法案，他就叫他在國家環境保護局（Environmental Protection Agency）的手下，用法規命令制定（rule-making）的方式，試圖把這個制度強加在我們身上。

這個計畫成功做到了一件事——讓油價高漲不跌。就算油價已經跌到一桶五十美元，我們去加油時付的錢還是高得離譜。

事實上，我們國內的能源夠我們用到下個世紀了——我們要做的就只是動手開採而已。上帝賜與美國的無數財富，包含很充足的自然能源；根據能源部（Department of Energy）資料，我們地下的天然氣能供我們用好幾百年。

比如說紐約州、賓西法尼亞州、俄亥俄州跟西維吉尼亞州地底下有頁岩氣層，這個馬賽勒斯頁岩層（Marcellus Shale Fields）能產出等同數百億桶石油的天然氣，在我們發展便宜又明智的替代能源時替我們爭取時間。

我們現在很依賴石油，能源價格是推動我們經濟的主要動力之一。工作機會跟石油價格直接相關；石油從地底下開採出來後一路送到消費者那邊，這個過程中成本越高，依賴石油的產業裡工作機會就跟著變少。你現在看這本書，腳下踩的土地不曉得埋著多少原油。

根據德克薩斯州休士頓的萊斯大學研究員的說法，美國估計有兩兆桶可採石油，夠我們用兩百八十五年。過去幾年科技一直更新，高盛（Goldman Sachs）甚至有一份研究預計我們在二〇一七年或二〇一八年會超越沙烏地阿拉伯和俄羅斯，變成全球最大產油國家。

石油一直都在，只等著我們去開採。

我一直都不懂，我們的土地明明蘊藏那麼多石油，為什麼還會讓這個國家被石油輸出國組織（OPEC）捏在手心？OPEC是產石油國家的集合團體，其中有的成員國對美國懷有敵意。過去數十年來，OPEC的領導人圍著他們的會議桌，一邊決定油價一邊嘲笑我們。

他們知道我們的領導人根本算不上領導人，也知道他們黑箱訂定的油價不管多貴我們都會買單。我已經勸我們的政客拿出膽子去踢爆OPEC的聯合壟斷，不知道勸了多少年。然後我想起吐溫說過的另一句話：「假設你是個笨蛋，然後假設你是國會的一員……抱歉，我重複說了一樣的話。」

我們不能被目前下降的油價給騙了，也不能因此鬆懈；油價本來就很難預料，而且你看看石油的量就知道油價跌這麼一點是沒有用的。油價就像天氣一樣：保證會變給你看。我們得做好自己採油的準備，也得好好利用每一個機會——這包括通過鑰石ＸＬ輸油管線計畫（Keystone XL Pipeline）。

歐巴馬竟然延後了、可能還阻殺了建造輸油管線的計畫，實在太可惡了。這條預計一千一百七十九英哩長的管線，會從加拿大的瀝青砂岩區把油一路運到內布拉斯加州，然後連到現有的管線，再一路接到德克薩斯州，這一路上都會創造出幾千個就業機會。現在市場上石油過剩導致油價下跌，我們感覺輸油管線沒那麼重要，可是這世界總有一天會需要那些石油，而且我們也需要它創造出的就業機會。

反對建輸油管線的人主要說石油可能洩漏，可是就連國務院（State Department）也說過這條管線會很安全，比現在所有的輸油系統都好上許多。我們不該因為某些可能發生的事就停止進步；我們應該做好萬全的準備措施，如果這些情況真的發生了，就好好處理。

我們也必須發展更多石油貿易對象，因為我們最主要從中東進口石油，可是那個區域的情況越來越不穩定了。我們還是需要沙烏地阿拉伯的石油，不過比起前幾年，我們對他們的依賴性已經越來越低了。

可是沙烏地阿拉伯是恐怖攻擊的主要目標之一，也是一些恐怖分子居住的地方。沙烏地阿拉伯太依賴石油產業，除了出口石油以外缺乏能持續發展的經濟結構；他們在未來很可能沒有我們的幫助就沒辦法維持經濟。這對我們是很真確的危險，所以我們必須降低對外國石油的依賴。

我們的首要任務就是通過鑰石XL輸油管線案，開始在所有存在油礦的地方開採石油。

最近很多人都一股腦想用可再生原料開發替代能源——所謂的「綠色能源」（green energy）。這又是一個天大的錯誤！首先，我們投入再生能源的動機完全錯了，全球氣候變遷根本就不是我們排放的碳造成的。如果你不相信氣候變遷那套說法——像我就不信——那你應該看得出，我們現在做的事情只是花大錢讓那些抱樹人（tree-hugger；譯註：指關注森林環保的人士）自我感覺良好而已。

最受歡迎的綠色能源是太陽能。太陽能板雖然有用，可是這個能源不經濟；算算架設和使用太陽能板的成本，再看看它幫我們節省了多少能源，其實根本就划不來。這可是美國補助金額最高的綠色能源。

有些人推估，架設太陽能板之後可能要過好幾十年才能回本。我才不認為這是筆好投資。

就算那個估計值只對了一半，哪有人會花錢投資一個二十年才能回本的東西？我知道太陽能終究會越來越有效率，可能也會越來越划算。可能吧。等到有人證明它價格合理，又可以穩定供應我們一部分的能源需求時，我們再來討論這件事情。在那之前，我們的汽車、卡車還是得上路，我們的住家、建築物冬天還是得開暖氣。為了維持正常生活的運作，我們還是要用更有效率、更划算的能源。

我跟風力發電的支持者有過節，這不是什麼秘密。之前我跟蘇格蘭政府吵了好幾年，因為他們想在亞伯丁近海蓋風力發電廠，在全世界最美的高爾夫度假村旁邊蓋十一座又大又醜的風力渦輪發電機。

位在亞伯丁的蘇格蘭川普國際高爾夫林克斯球場（Trump International Golf Links Scotland）是很熱門的觀光勝地，不僅對蘇格蘭經濟有利，還創造出很多工作機會；那些風力發電機只會破壞世界上少有的美景。

別的地方就沒有風力可以用嗎？

對我來說，這個政策從一開始就莫名其妙。就算發電廠輸出的電力到了最高點，蘇格蘭政府每年還是得補助幾百萬英鎊給它。這個案子在法庭卡了快五年，在這期間油價大跌，這個風力發電廠計畫又更不符合經濟效益了。它永遠都不會建成。我這是幫了蘇格蘭一個大忙。

蘇格蘭跟很多其他國家一樣，想要在未來十年內完全用可再生能源滿足全國的能源需求，可是有很多人都懷疑這個計畫的可能性。比爾．蓋茲（Bill Gates）二〇一五年曾斷然說：「可再生能源沒有用。政府應該把綠能補助（green subsidies）挪給研究開發使用。」據他所說，用太陽能和風力產出那麼多能量，就需要「遠超天文數字」的成本。他在《金融時報》（*Financial Times*）採訪中說，未來能源需求的問題得用目前還沒突破的科技來解決。蓋茲說他打算投資多達二十億美元進行可再生能源的研究——可是不會發展風力發電或太陽能。

太陽能和風力發電對環境的傷害也很有爭議。一個英國研究中心最近的研究顯示，風能「極其昂貴且無減少二氧化碳排放量的效果」。不僅這樣，他們還說「以傳統燃氣發電為基礎的風力發電之二氧化碳排放量，可能比效率最高的燃氣渦輪獨自運行時所排放的量更高」，而且建造這些鋼鐵怪物的過程造成了不少污染，尤其是在中國。

諷刺的是，蘇格蘭的風力發電廠計畫在進行的同時，在愛爾蘭的敦貝格——我正在蓋另一座美麗度假村的地方——有個類似的計畫卻沒有通過。敦貝格那邊的計畫是用九座風力渦輪發電機破壞奢華美景，每一座發電機都有四百一十三英呎高——簡直像九個美式足球場（加上球門區）直立起來排排站。

幸好這個案子沒有通過，因為風力渦輪發電機可能會傷害棲息在敦貝格河裡的約七千隻淡水珍珠蚌——這是歐盟瀕臨絕種的生物之一——而且也有害於觀光業。

我們壯麗的高爾夫度假村絕對是世界上最棒的度假村之一，對當地經濟也絕對有巨大的幫助。

結果是河蚌救了我們。

結論就是，在未來很長一段時間，我們還是會依賴石油和天然氣提供我們需要的能量。所以我們想在能源上獨立的話，就必須繼續開採油礦。好消息是，我們有非常豐沛的化石燃料，只要下定決心就隨時可以開採。

我們必須用手邊所有合乎成本效益的方法把這些資源弄到手，其中包含液體壓裂法（fracking）。你可能沒聽過液體壓裂法，這種方法是把液體用高壓注入頁岩床，釋出封在裡面的資源；傳統方式沒辦法採出的大量石油和天然氣，就可以用液體壓裂法開採。

紐約州長安德魯・古莫（Andrew Cuomo）禁止用液體壓裂法開採天然氣，不過這種技術在北達科他州、賓西法尼亞州和俄亥俄州都大大促進了當地經濟，這幾個區域創造出來的就業機會幾乎比全國其他區域都來得多，失業率也比其他地方還要低。紐約上州也想複製這幾個地方的成效、減輕賦稅還有還掉紐約州的鉅額負債。

說到能源問題，我的結論就是：在更好的「替代能源」或「綠色能源」有辦法滿足我們的能源需求以前，我們必須立刻開採並好好利用我們的能源。

★ *Chapter 7* ★

# Health Care Is Making Us All Sick

## 健保害我們都病了

我做事的方法跟政客做事的方法不一樣，最基本的差別就是我會實際去**做**那些政客整天**嚷著要做**的事情。

我聘用了幾千個員工、跟承包商和各種工會協商，也為我的員工提供健保。我知道真正的開銷是多少，我知道問題出在哪裡，我知道什麼可行、什麼不可行。

最重要的是，我知道哪裡浪費了，也知道怎麼用合理價格換來優良的醫療保險。

政客不喜歡聽實話，也不喜歡告訴你實話；他們每個人都說一套做一套——尤其是競選連任的時候。他們最愛發表長篇大論譴責「政府不顧後果地支出」還有「政府浪費錢」，可是國會通過的每一條法案都充滿了給他們選區的甜頭。

我們把這稱作「豬肉桶政治」（pork barrel），這樣講很對不起豬，因為牠們吃東西只是為了生存。政治上的豬肉桶分贓就是政府故意浪費錢，目的可能是要回饋某個之前捐過錢的人或特殊利益集團，也可能是要安撫某個暴躁的國會議員，要他投票給你。

我們正在為這種行為付出代價。

每次想到民主黨把我們的「平價醫療」法案（Affordable Care Act）強迫推銷給病人，我就氣到不行。

就連南希．裴洛西（Nancy Pelosi）——當時民主黨的眾議院多數黨領袖——也勉強承認，大多數支持法案的人都沒讀過它的內容。

大眾很顯然不了解「歐巴馬健保」提供的是什麼：它很複雜，它向保險陳情團體讓步，它搶走你繼續找你現在的醫生看病的權利，當然，它還隱藏了健保讓各州財政部和所有企業負擔逐漸加重的事實。還有，年輕健康的人不想買保險還得繳一筆罰款。

幾乎所有的共和黨支持者——還有越來越多的民主黨支持者——都發現這個政策是一場只會更糟不會變好的災難。保險費不斷上漲——漲了三〇％到五〇％——這也只會更糟不會變好。

我很幸運，因為我買得起全世界最棒的健保，能幫我自己、我的家人和我的員工投保。我知道我很幸運，可是我也知道大多數的人都付不起這個錢，知道大多數的人都需要幫助。我在意這個議題已經在意很久了，它對我來說非常重要。

歐巴馬健保毫無疑問是場大災難，非得廢除並找其他替代方案不可。它之所以會通過完全是因為歐巴馬總統真心誠意說了二十八次謊，保證你可以繼續用你現在的保險方案、繼續看你現在的醫生——這全是一場騙局，共和黨當時應該告他才對。接下來幾年各項規定會陸續開始實行，自費的部分只會越來越貴，貴到你不被卡車撞傷，保險就不給付醫藥費。

醫療業者痛恨歐巴馬健保。

到處都有醫生決定不幹了。

我有一個朋友是國內最好的醫生之一，他的病人有好幾位都是知名人物。他對我說：「唐納，我從來沒遇過這種狀況，我不能再用我想要的方式行醫了。現在我雇用的會計師跟電腦工程師已經比護理師還多了。」他說的沒錯，現在有超過一百條規則規定醫生要怎麼從保險公司那裡拿到賠償。

我們把醫療系統的「文書工作」或「電腦檔案」，變成了一場跟我們足足八萬頁的稅制一樣可怕的噩夢。

我說過很多次了，那個「一點都不平價」的醫療法案不能不換掉；不過我跟其他人的說法不同的地方——看，每次都是這個差別——就是我為了改變這個政策提出的方案。很多年前根本沒人在議論這件事，但我當時就知道這個醫療系統非改不可。這是因為我看見健保對帳本盈虧的影響，因為當時有超過四千萬個美國人沒有任何保險……而現在我們正迫使兼職員工被逐出於系統之外。

那時我就說了，我們必須想出一個所有人都能用、平價、經營妥當而且讓人自由選擇的方案——讓人可以繼續找同一個醫生看診的方案。當時我提出的是單一保險人（single-payer）制度，這種方法在過去健保系統還沒這麼複雜時說不定可行——不過在那個各種概念跟想法都有人討論的時間點，我那只是一個非政治人物提出來的意見，是眾多提議之一。那已經是十五年前的事了，但還是有很多人把這件事拿出來講，看樣子這些人是沒有值得討論的新議題了。這些人因為自己想不出解決方案，就只能跟平常一樣玩「哈！逮到你了！」的政治遊戲，完全沒有解決任何問題。他們就只知道耍嘴皮子，什麼都不做——平價醫療法案就是最好的例子。

要想事業有成，你就得保持彈性，跟著時事改變。這個世界變了，我也變了；現在我不認為單一保險人制度適合我們的系統，如果我覺得它適合，我一定會直接說出來，不用別人來幫我說。單一保險人制度可能適用於其他國家，像在蘇格蘭就有非常好的成效；也許它曾經適用於美國。

可是現在不是了。

那我們怎麼辦？我們絕對需要實實在在的健保改革，這點毫無疑問——總不能因為資源有限就讓部分美國人沒有健保吧？可悲的是，我這麼說可能會引來批評聲浪——但是我依舊相信共和黨人士都有顆博愛、美麗的「心」，也相信大家都希望能在合理價錢範圍內幫助貧苦和生病的人。我根本無法想像生病卻沒錢看醫生的感覺；再這樣下去大家又只能回去擠急診室，讓已經太多病人、太沒效率的急診室環境變得更糟。

人口普查局的報告指出，現在有一千萬人被加進系統裡了。我們一定要想辦法照顧這些無法照顧自己的人——就算會被人批評抨擊，我還是如此堅信這點。

我知道美國人民認同我的想法，因為不管去俄亥俄州、佛羅里達州、愛荷華州、南卡羅來納州或新罕布夏州的什麼地方，每次我說到這件事，觀眾都會為我起立鼓掌。真正的爭論點是，我們該怎麼照顧這些無法照顧自己的人？我們該怎麼確保所有美國人都有良好的健保，確保我們的小孩能得到他們需要的照料，確保大家就算買不起基本健保方案還是能接受適當照顧？

對我來說，政客主張「所有的問題我們都能解決」是一件很蠢的事。聽某些政客滔滔不絕地背誦他們預先想好的回答時，你一不小心就會相信他們，覺得他們好聰明，他們都想好了該怎麼解決每一個問題，他們的解決方案也都比別人想出來的好。真好啊——但不是對我們的國家好，因為到最後什麼事情都不會發生，什麼問題都沒解決，我們也不會成為贏家。我每次聽到的都是這些政客嘴上說出各種荒唐的誓言，口口聲聲發誓要解決一切難題，說得好像個個都是全能專家似的。但到頭來什麼事情都不會發生，他們都只會出一張嘴，什麼事都不做。

大多數政客都是「滿嘴空話」的高手，他們人人都有某種計畫，可是你仔細一聽，卻發現你還是不了解他們在說什麼。

我的處理態度跟他們完全不一樣。對付現在這種複雜的問題——怎麼給大多數美國人提供平價健保——我的態度跟解決商務上的難題時相同。我們應該聘請全世界最熟悉這個領域的人，把他們關在一個房間裡——等他們提出解決問題的一套流程才放他們出來。

我演講的時候，常常有人說我都沒針對某個民調專家認為大家想聽的議題提出具體政策。我知道這不是專業政客的做法——他們演講的每一個字搞不好都得經過民調專家跟焦點小組一番推敲。但他們沒有一個人跟我一樣。

一個人也沒有。

我常請大家看看我一路走來的成果，看看我用我自己這套辦法取得的成功。每個人都可以選擇假裝一個荒唐的方案能解決問題，或是選擇聽一個用行動證明他真的能解決問題的人。

剛開始做生意的時候，我從布魯克林一間小房地產公司起家，賺了超過一百億美元。現在，我住在全世界公認最好的街區：紐約市中心，第五大道和五十六街跟五十七街之間，就在蒂芙尼公司（Tiffany's）隔壁。

這並不代表我對如何解決問題沒有想法。首先，我們不能縮減社會安全保險（Social Security）跟聯邦醫療保險（Medicare）補助，這沒得談。這兩個計畫的問題都能用經濟成長來解決。再來，我們可以做一些簡單的改變來獲取實質利益。

我之前也說過，沒有一家私人保險公司不在州與州之間畫線的；我們必須消除這些界線，讓人們和公司可以跨州購買最適合他們的保險方案。政府不應該再介入，應該讓保險公司為了做你的生意好好競爭。

我是一間大公司的老闆，有幾千個員工。我如果想替那些在紐約州、加州或德州的員工買健保，通常一個州就只會有一家保險公司來出價。市場競爭才能讓價錢降低，但現在的法規並不鼓勵保險公司為了搶客戶而競爭，這些公司在他們各自的州內都壟斷了市場。這種狀況根本莫名其妙，不僅很蠢還對我們很不公平。

你猜猜看，誰最喜歡缺乏競爭的市場？保險公司。他們賺進大把鈔票就是因為他們控制了政客；政治獻金就是這些保險公司的成本，對他們而言這是筆划算的投資，對我們的國家而言就不是這麼回事了。幾乎所有的政客都收了保險公司的錢，但我用的是我自己的錢，所以我可以自由選擇正確的道路；我服務的不是陳情團體，而是人民。

沒有人比我更懂得經營企業的方法。你想要保險公司提出更好的方案、更低的價錢嗎？那就提高市場競爭。

除非不得已，不然政府不應該介入健保。政府主要該做的事就是確保保險公司的財政實力夠強，這樣發生什麼災難或公司估算錯誤的時候，他們才有資源著手處理。

只要跟著我的邏輯思路走，我們的健保體系和經濟很快就會好起來。

*Chapter 8*

# It's Still the Economy, Stupid

## 笨蛋，問題還是在經濟啊

所有號稱是行家的人，以及所有其他人都說，我不可能真的去選總統。當我宣布成為總統候選人的時候，有些人猜我不會真的參選，他們確信我會在提交財務揭露之前就退出選戰。

他們顯然以為我會不敢承認自己沒大家想的那麼有錢，可是在我填完那些報表之後，他們發現我的身價比他們想的高多了。

我很有錢。我**真的**非常有錢。我賺的錢多到超出了自己以前預想的數目——我告訴你，我預想的可不是什麼小數字。

你知道嗎，我常常聽政客說些有的沒

的，像是「我以前是憲法教授，所以我是憲法專家」，或者「我在參議院外交委員會（Senate Foreign Relations committee）做了二十五年，所以我是外交政策專家」。他們說自己是某家大公司的執行長，經營事業有多麼多麼地「成功」——也就是裁掉三萬個員工，讓很多工作流到海外去，所以他們是創造就業機會的專家——把就業機會送到**國外**，取代美國**國內**工作的專家。

我常聽這些人說他們打算如何修復我們的經濟、如何創造出更多就業機會、如何減稅和平衡收支，我聽完之後都會搖搖頭，心想：你連當《誰是接班人》節目參賽者的資格都沒有。

你看看那些不知道怎麼通過預算案的國會議員，他們的財政建議你敢聽嗎？他們保證要創造就業機會，這種話能信嗎？我們需要一個擅長談判、有真材實料的領導人；可惜作為多數黨的共和黨議員們，不具備通過預算案的領導能力和談判能力。原本那些預算案通過了，就能淘汰掉該完全由私人機構執行還有該完全淘汰掉的計畫，結果到後來一件都沒通過。

到最後，授權給歐巴馬的費用也差不多快花完了，國會才真的站出來反對歐巴馬——結果又縮回去了。今年夏天怎麼沒看到他們認真工作、達成共識？

他們這樣會把數百萬美國人害慘——還會毀了我們的信譽評價。為什麼？因為他們沒有足以保護美國人民並讓美國再度偉大的領導能力。

我們面對的是管理問題和政治問題的集合體。

我們需要一個能讓政府維持運作的人坐鎮白宮，同時也要把聯邦政府官員從他們不該待的地方趕出來。如果政府官員的人數恰當，關注的焦點也恰當的話，我們就不必一直被危機追著跑了。

我們得從美國國會下手。過去曾經有總統能讓國會意見一致，然後確實有所作為——例如林登·詹森（Lyndon Johnson）還有隆納·雷根。前總統雷根上任七個月時開除了一批航空管制員，將他要傳達的訊息清楚傳達到了工會的耳裡。前總統詹森對國會施壓通過民權法案時，他為了達成目的不惜威脅極左和極右派人士。

這些事情是做得到的。

歐巴馬總統很喜歡打高爾夫球，可是他選錯球友了；他應該跟那些能幫助我們國家的聰明人打球，跟這些人形成聯繫來執行政策——而不是只跟他的朋友玩。

相信我，我知道怎麼用高爾夫球場——還有高爾夫俱樂部——談生意。這種時候有用的就只有明確的態度，還有把你的目標傳達給全國人民，這樣大家才會了解你的使命然後支持你。這樣我們才不會內部分裂。而且這麼一來，特殊利益集團才不能用錢換取他們要的結果，從中撕裂我們的國家。

一切的中心就是領導人。我一向實話實說，這點應該不會有太多人否認。當你在電視、報紙或社群網站上看到我的新聞，誰都不得不承認我發表言論受到的關注比共和黨其他候選人全部加起來還多。希望背後的原因是尊敬我而不是拿我當娛樂——不過可能兩種原因都有吧。

我成功破除了媒體荒謬的自由主義與偏見，把我的話直接傳達給人們的心——至少，我很努力這麼做。就連一點也不保守的《紐約》（*New York*）雜誌也在封面上登了我的照片，承認我動搖現狀的事實。

我再次聲明，我們該討論「領導」這件事了。

說到創造就業機會、整頓我們的經濟，所有專家中只有我沒把「理論」掛在嘴邊。我說的是從艱苦磨練中學到的常識和實際的現實主義；我都看過、都做過，我曾經在逆境中掙扎、負債累累，然後反擊、爬到了最頂峰，現在比過去還要強大太多、太多。一九九〇年經濟衰退的時候，我有好幾個朋友都在破產後一蹶不振；但我始終沒有破產——我活了下來，也在這次經歷中學到了時勢不佳時的應對方式。我們的國家現在正面臨著不好的時勢——沒關係，我懂，而且我知道怎麼離開困境。

我是個戰士。你把我打倒，我就會變得更強再回來。我最愛這個了！

我這一輩子不只是賺錢，更重要的是，我學到了管理資源的方法，也學會把我手上的資源分享給替我工作的數千人。光是聽批評我的左派人士說話，你搞不好會以為我們只能用社會主義讓這個國家往前邁進，而且還需要一個邊做事邊訂出新規矩的總統。如果他沒辦法讓國會做某件事情，就得用總統的行政命令強制執行。

我覺得這全都是胡說八道。

自由市場的機制是可行的——它需要的是領導者，而不是獨裁者。我們的政府必須堅守憲法的原則，並持續進行一些獎賞、鼓勵人去取得成就的社會計畫，而這些計畫必須隨時能為它們的花費和成效負責。我為家境貧困的四千六百五十萬人擔心不已，為那些佔中產階級大多數、幾乎沒錢買房子（或已經失去房產）的美國人擔心不已，也為那些付不起孩子學費的人擔心不已。簡而言之，我擔心的是這些因為國家財政計畫偏袒富人，而買不起美國夢的人。

所以我最堅持的理念之一，就是重新審閱稅制，把太複雜還有明顯偏袒富人的規定改掉。避險基金（hedge fund）和基金經理人對我們的退休基金和援助了數百萬美國人的401(k)退休福利計畫來說很重要——但沒有他們所想的那麼重要。就算是財務顧問，如果賺的錢到達最高等級的金額，那就該繳最高等級的稅。這些財務工程師常常「炒賣」（flipping）公司、解雇員工，然後用「縮減開支」的方法毀掉一堆人，甚至是一整間公司，從中賺到好幾十億——沒錯，是好幾十億——美元。相信我，我知道十億元的價值——可是我知道一塊錢也有它的重要性。

我賺的錢是我自己努力工作的成果——我想出來的計畫、我談成的交易，還有我買下後重振的公司。我明白我的員工從事建築業有多辛苦，因為這是全世界最辛苦、最危險的工作之一。

那些白天工作流汗的人，晚上回家就不該為生活煩惱才對。

我從來沒有拿公家薪水的「保障」，因為我就是發薪水給別人的老闆。我也並非始終一帆風順。一九九〇年代政府修改了不動產稅制，而且這些改變竟然還有追溯效力。這件事非常不公平，可我咬牙撐了過去，如今事業欣欣向榮。但這些稅制改動殲滅了建設產業，很多公司都因此倒閉了。今天，環保人士彷彿走錯棚的熱情，也讓我們想蓋點什麼都變得很難。我們現在還有瘋狂的各種管制，好像隨便買個迴紋針都會違反什麼政策。

也難怪社會上的壓力比過去來得高。我們應該讓公平公正的商人自己經營公司——尤其是小企業——不要一直插手，這樣他們才可以賺更多錢、給更多人工作機會；而不是被歐巴馬健保逼著請一堆兼職員工。如此大家都能過得很快樂。

我們的國家現在處於財政困境裡，國債超過十九兆美元，直逼二十兆。即使是最支持自由主義的經濟學者也警告，當我們超過二十兆美元國債的界線時，麻煩就大了。到時候，我們的財政系統會真的開始解體，不但借貸能力會下降，欠債的利息也會上漲。

到了那個地步，我們在世界市場上就會喪失信譽。過去一年來，歐洲和亞洲財政動盪，只有美國維持了穩定的財政。但一直背著我們的債務是一件非常危險的事；去年就有數不清的美國人沒有參與經濟成長，或者說，過去二十年來都是如此。這些人不得已只能抵押自己的夢想——他們的美國夢——好維持現狀、勉強過活，根本沒有向前進的希望。

我們的系統毀壞了，我們必須修復它。我們必須改變我們制定政策的方式，而且一定要現在就開始改變。我們需要的是了解問題的嚴重性、知道該怎麼掉轉船頭的人。

我們需要有領導才能的人！

有些傢伙提出的解決方案根本荒唐。有些政客認為，縮減社會安全保險和其他福利項目的補助能減少國債。說到這個，我們就得小心行事了。自八十多年前的經濟「大」恐慌之後，美國就一直為那些經濟弱勢的人提供社會安全保險。很多退休老人更是仰賴社會安全保險和聯邦醫療保險的補助生活。

這些規定一改，每個月領補助金過活的人就會大受影響，我們不能不小心行事。有很多人的生活費都來自每月領到的支票，我絕對不會讓這些人的補助金變少。絕對不會。這個國家已經和它的公民約定好了，那些錢本來就是公民的錢；他們努力工作賺錢，再把錢交給社會安全保險系統，為的就是讓老人能每個月領到補助。

現在，輪到他們領錢了。

所以我們不可以碰社會安全保險。這個免談。

但你知道嗎？有很多有錢人不需要這筆補助金，如果政府讓我選要不要放棄補助，我就會選擇放棄；我確信很多有錢人也願意這麼做。但就算如此，對我們財政困境的緩解實在是小之又小。

這個問題太大了，我們得用更好的解決方法，例如修改稅制讓所有收入不同的階級能更公平地繳稅。

當然，有很多值得我們去評估的「津貼」，我們應該評估這些錢是否浪費、方向不對或在執行上太浪費。我在別的章節講過移民政策，但我還是要提出一個問題：非法移民——或他們的小孩——應不應該和真正的公民或合法居留的人一樣拿到津貼？

同時，政府捐贈給很多企業和產業的錢——「富人的津貼」——也得重新審查。我很懷疑，為什麼那些陳情團體人多的產業、老闆獻金支持候選人的公司都能拿到比較高的收入補貼（income-supplement）。

想解決我們經濟整體上的問題，就得先重塑我們的產業來迎戰外國競爭者，然後創造出真正的工作機會。政府給的數據看起來都很樂觀，可是實際上的狀況非常糟糕。

來看看我們的失業問題。這裡有兩個非常值得注意的變數，其中一個是直接放棄並退出勞動力市場的人數比例。因為在計算失業率的時候這些人並沒有被算在內。我們所謂的勞動參與率（labor participation rate）——還留在勞動力市場的那些人——創了近四十年來最低紀錄。上一次是前總統吉米·卡特（Jimmy Carter）主持國事的年代，而那時候的螺旋式通貨膨脹嚴重到利率超過二〇%。

再考慮到那些有工作但未充分就業的人，那真正的失業率就高達百分之十幾甚至二〇%。我知道有很多睿智的財經界人物都懷疑政府對就業市場的評估，以及政府呈現給我們的統計數據。我們在日常生活中就能從親友鄰居身上看到，就業市場上的問題仍然非常多，因為對那些想炒高股價的企業來說「縮減規模」，還是最熱門的行話。

而且轉移到其他國家的不只是工作機會，我們甚至能看到整個產業消失到海外的情況。

美國人想要工作；我們這個國家的職業道德非常棒。問題是年輕人開始找第一份好工作，或是失業的人想二度就業的時候，他們卻找不到工作。

沒有工作了。就業機會全都消失了！

我在自己的企業裡當然有扮演好自己的角色。我知道怎麼創造就業機會。我從開始做生意以來，創造了幾萬個工作機會，現在替我做事的人就有幾千個，還有好幾千人在我的合作夥伴底下工作。我參與了好幾百家公司的事務，這些公司現在幾乎都運作得很順利，為其他人設立新的標準和新的紀錄。

這些包括各種公司，從礦泉水公司到葡萄園都有。我們經營溜冰場，我們製作電視節目，我們製造皮革製品，我們研製香水，我們也擁有華美的餐廳。

當然，我們最主要的生計是實體房地產——我們擁有、建造、管理且／或發許可證給各式各樣的美麗建築。

我這麼多不同的企業只有一個共通點：它們全都為人們提供工作機會。當我蓋一棟建築或開發高爾夫度假村的時候，就會創造就業機會給工人和所有提供建材的公司，從鋪地板的到做燈飾的都有。

這些是好工作。

當一棟建築物落成後有人搬進去，或是當人們在我的高爾夫球場上打球、住進飯店時，我們也會雇用服務人員來經營這些企業。

又是更多好工作。

同樣的，當中國、墨西哥或其他國家代工我的產品時，也能創造出很多好工作。有人用這點攻擊我，說我帶頭抱怨這些國家，同時卻讓他們代工我的商品。

這是我的答案：我是現實主義者。我是競爭者。

當我跟人在商場上談判的時候，我當然要談出最有利的生意。可是我們應該改善這裡的商業環境，讓製造商能在美國國內談成最有利的生意。現在的情況可不是這樣。

我們需要訂定一些法規，用稅收優先權和經濟支持的方式來鼓勵美國企業把創新科技和製造工業留在本土。

我們必須阻止某些國家隨隨便便就貶低幣值。

我們是主隊，應該以我們自己優先。

那我們要怎麼把外流的工作機會弄回來？

解答：第一步就是跟我們「友善」的合作對象敲定更好的貿易協議。

我們必須從中國、日本和墨西哥這些地方取回我們的工作。我們必須挺起胸膛，拿出我們的堅持。我們現在基本上就是把全球最大的市場——美國消費市場——拱手送給了別人。

福特汽車（Ford）最近宣布要花二十五億美元在墨西哥蓋一座工廠。納貝斯克（Nabisco）也打算把一座大廠從芝加哥轉移到墨西哥。有一家德國汽車公司原本準備要在田納西州設廠，結果突然改變主意換成去墨西哥設廠。

怎麼會發生這種事？就這兩個案子，我們失去了多少好工作？在我們不注意的時候，有多少類似的案子從我們指縫溜走了？幾百，可能幾千件——但不會再有了！

太誇張了。我們都知道美國的勞動力是全球第一，我們該做的就是讓他們去競爭。

可是你看看我們現在，談貿易協議的時候就坐在那邊挨打。在我的公司裡，每一項交易都是努力爭取來的；我們為餐廳爭取最划算的清潔用品，也爭取用最划算的價格印酒瓶的商標。

我每天都為了我的人奮鬥。

現在，我為美國奮鬥。我要我們的國家再次成為贏家，我們一定做得到！

我們只需要大家的信念，我們只需盡力取得勝利，讓「美國製」重新成為榮譽的徽章。

★ *Chapter 9* ★

# Nice Guys Can Finish First

## 好人也能贏得第一

我是個好人。我真的是。而我跟大多數的職業政客不一樣，我有個壞習慣——我一向實話實說。我不會不敢說出我的信念，當別人問我問題，我不會發表落落長的演講卻忽視有爭議的要點。我會回答問題。

有時候我的回答不討人喜歡。那也沒辦法。

所以別人就會來攻擊我。當別人攻擊我的時候，我就會反擊。全力反擊。

這一直都是我的處世態度：如果有人批評我、攻擊我，那我就回敬一拳。我們都打開天窗說亮話吧，我有自信能說出最有道理的答案。

你猜猜看，誰最喜歡我這種作風？美國人民。

大家不習慣聽政治人物說實話，可是他們最愛這種態度了，而且他們最愛從我口中聽到實話。

他們從來沒在政治圈看過我這樣的人。從來沒看過別的政治人物對抗陳情團體、政治行動委員會（political action committee）、特殊利益集團這些影響華府所有政客的集團。我自己出錢，所以我愛說什麼就說什麼，而且我只會做對我們國家——我摯愛的國家——有好處的事情。

有時候我會因此付出代價。對我來說忠誠極度重要，只要問問我的家人和摯友你就知道，我是個忠誠得過分的人。所以當我宣布參選的時候，我很想看看有哪些號稱是朋友的人會繼續對我忠誠。

在政治界，五五%的票數就算壓倒性勝利——但這表示有四五%的人反對你。我過去從來沒有四五%的反對票——當我參加活動的時候，大家都會為我歡呼鼓掌，很少有噓聲或是起鬨。可是當你競選公職的時候，就會突然意識到背景裡的噓聲。有一晚，出席一場我捐了很多錢的慈善活動時，我太太梅蘭妮亞就站在我身旁。那時候大家在為我歡呼，可是我們很訝異地發現有一小部分的人對我發出噓聲。梅蘭妮亞對我說：「親愛的，你知道嗎？你以前都沒被噓過呢。」我看著她說：「歡迎來到政治的世界。」

老實說，我被一些我曾經以為是朋友的人嚇了一跳，其中最令我驚訝的是梅西百貨（Macy's）。我和梅西百貨的董事長兼執行長泰瑞．隆格蘭（Terry Lundgren）關係一直很好，他是個親切的人，也是個好總裁。我在梅西百貨賣過我的商品，包括上衣、領帶、袖口鍊釦還有香水，賣得非常好。川普是唯一一個同時能賣出五千萬公寓和三十七美元領帶的品牌，我很喜歡這點。

泰瑞．隆格蘭曾經是我的好朋友，我們在馬阿拉歌俱樂部（Mar-a-Lago）和川普高爾夫球場上一起度過了許多時光，他有很多好朋友都是我介紹的。二〇一五年八月，正當我關於非法移民的言論被媒體報得沸沸揚揚時，我接到他一通電話。那時候我在新罕布夏州，正準備在一大群人面前演講時手機響了。臺上的主持人已經開始唸我的介紹——他說到了我蓋的建築物、我在民調上的好成績——但當我看到是泰瑞這個好朋友打來時，我還是接起了電話。

「唐納，唐納，我有話要跟你說。」他的語氣很緊張、很急促。「好幾個墨西哥人打電話過來，說要示威抵制梅西百貨。」

我說：「沒什麼大不了的，他們示威一個小時人就會跑光了。」

「我不能讓這種事情發生。」他說。「會破壞我們公司的形象。」

我告訴他說我準備要演講了，沒空和他說話，不過我也尖銳地說：「如果你因為幫我賣領帶和上衣被批評幾下就這麼做，那就真的是不忠了。除此之外，我的形象也不會好看到哪裡去。」

泰瑞說：「我不能什麼都不做，我們會發表聲明，停賣你的產品。」哇，我心想，這家公司才剛對顧客做了很糟糕的事情並因此賠了一大筆錢呢，現在還這樣，太刻薄了吧！

他開始唸他的聲明，此時臺上的主持人大聲說出我的名字，觀眾歡聲雷動。

「等等，我要去對一整個會場的觀眾演講了，你一定要現在唸嗎？不能等明天再說嗎？」

「一定要現在說。」他說。「不能等了。」

「哇，你這樣也太沒忠誠度了。我跟你說，他們就算去示威也就一個小時熱度，才沒人在乎這件事。」

現在你在川普大廈可以買到我的領帶、上衣、袖口鍊釦和香水，這些產品已經不在梅西販售了。我聽說因為這件事，很多人把他們的梅西信用卡剪壞之後寄回店裡，顯然社會大眾了解我的心情。

我還聽說很多其他公司都不跟梅西做生意了，而且至少一位著名企業家告訴我：「真不敢相信泰瑞．隆格蘭是這麼不忠誠的人。」他還開玩笑地加了一句：「他比你還常去馬阿拉歌俱樂部耶！」

這種事情還發生了不止一次，國家廣播公司（NBC）和Univision電視聯播網也拒絕播出宇宙小姐（Miss Universe）／美國小姐（Miss USA）選美比賽。我告了NBC，後來我買下他們手上那一半的公司之後，整個賣給模特經紀公司IMG（International Management Group），和解了。現在我正在告Univision，我要他們扎扎實實地賠我一筆錢。

有很長一段時間，我跟NBC的關係一直很好，我們的合作項目也都很成功。

我的熱門節目《誰是接班人》就幫他們賺了幾百萬美元。但在這之前我就跟他們說過，因為「平等時間」（equal-time；譯註：要求電視媒體給每一位候選人同等條件、同樣時段使用頻道的機會）這條規定，一旦我競選總統就不會拍這個節目了。當時《誰是接班人》才剛剛續約，NBC和康卡斯特（Comcast）的高級主管都來我辦公室，想說服我改變主意。

康卡斯特執行長斯蒂芬·柏克（Steve Burke）、NBC董事長鮑伯·格林布拉特（Bob Greenblatt）和娛樂部執行長保羅·泰勒迪（Paul Telegdy）都是好人，跟他們來往對我而言是非常棒的經驗。能和解訴訟、繼續過日子，我真的很開心。

不過我和Univision的官司還沒打完，我預期未來會從他們手上贏來一大筆錢，他們毀約就得付出代價。這實在很可悲，因為我非常喜歡他們的兩位頭號經理——藍迪·法科（Randy Falco）和保·法拉利（Beau Ferrari）。未來誰曉得呢？說不定我們哪天也能恢復過去的情誼。

剛開始那幾個禮拜，各家公司跟我撇清關係的新聞不斷爆出：「ＥＳＰＮ和川普斷絕關係」——可是我從來沒和ＥＳＰＮ做過生意，他們只不過是租用我在太平洋海岸的洛杉磯川普高爾夫球俱樂部，借我的場地辦高爾夫球賽而已。還有「全國運動汽車競賽協會（NASCAR）撇清和川普的一切關係」——可是我跟全國運動汽車競賽協會根本沒有關係，他們只是租借川普朵拉國家度假村（Trump National Doral）的舞廳辦年度晚宴而已。告訴你，我扣下了他們繳的高額定金，然後打算把那些地方都租給別人用——最好要租得比現在更貴。

現在大家都冷靜下來了，很多人都稱讚我提起了非法移民這個議題。我之所以把這個議題說得這麼重要，是因為它對美國的未來真的很重要。至於我發表意見之後惹來一堆麻煩，並不是什麼意料之外的事。大部分的政客都不想太靠近很有爭議的議題，但是我不在乎；我從父親身上學到要直來直往、誠實待人，還有捍衛我的信念。

佛瑞德・川普——我了不起、嚴厲又慈愛的父親——在皇后區和布魯克林區建造、擁有並管理了很多棟建築，他賺的錢夠他整天休閒享福了，但他不是那樣的人。就算是假日，你也能看見他在大樓、房子或工地走動，如果走廊太髒或是燈泡壞了，他一定會通知那邊的工作人員。我父親不太怕傷到別人的心，他要的是工作人員把地板打掃乾淨，用他的話來說就是「完美無污」。假如負責清潔的人沒辦法把地板弄乾淨，他就可以走人了。我父親深信他必須對租客負責，他的原則很簡單：做好你的工作，你就不會沒工作；用心做你的工作，你就會得到更好的工作。我一直覺得這句話很有道理。

可惜政治並不是這樣運作的。在政治界，一個人選上以後就很難被趕走了，所以根本就沒有做事的動力。如果美國人民知道這些內幕，一定會比現在還要氣憤，國會的支持率也肯定會比現在更低。職業政客喜歡政壇現在的模樣，因為當政客就是他們的職業。我認識很多這種人——相信我，他們到私人企業一定找不到工作。這些人不希望他們的退休金跟健康保險——由**你**支付的退休金跟健康保險——被拿走。

特殊利益集團和陳情團體也很喜歡現在的政壇，他們靠買賣影響力賺了很多錢——送錢比清掃地板容易多了。相信我，我了解這些潛規則，我自己也捐贈過不少競選獻金。

我沒有拿這些人一分錢，我自己出錢競選，所以不會被這些舊規則綁死——然後操弄舊規則過得如魚得水的人，遇到我也不知所措。一開始，他們希望用無視我的方法把我趕走，結果被美國人民狠狠地打臉了。終於有人站出來守護他們的權益，人民怎麼會不愛！

那些既得利益者發現無視我沒有效，就開始攻擊我。這些政壇老手想找出我的弱點——所以他們才選擇攻擊我的頭髮；順帶一提，這真的是我的頭髮好嗎。他們勇氣十足地攻擊我的頭髮，結果NBC新聞播出了史上最詭異的政治頭條：「川普捍衛頭髮，競選造勢時抨擊媒體！」

最近，他們又說我沒有提出具體政策。其實這背後有一個很好的理由，這個理由也十分符合我對「領導」這件事的觀念：我們有很多問題都是好幾年的爛決策或根本沒有決策累積而成的，這些問題也就越來越麻煩，全部亂成一團。如果揮揮魔杖就能解決所有問題，那我當然會這麼做。但尋找解決方案的時候，必須考慮到各方的聲音——還有權益——也就是把各方代表人物放在同一間會議室裡討論和各自妥協，直到全部人都達成共識再走出房間。

沒有人喜歡妥協；相信我，這本書裡提到的基本原則我是永遠不會讓步的。儘管如此，參與決策的每一方都有他的立場，每個人都要別人理解他的立場。蓋一棟建築物最難的一關，就是讓市政府官員、市議會、環保團體、當地城市規畫委員會（zoning board）和向來意見一堆的媒體接受你的建設計畫，然後還要找銀行、承包商和工會來確認計畫在財政方面可行。

如果我一開始就說：「我們就是要這樣蓋建築！」那隔天頭條就會寫：「川普新計畫遭多數人反對！」然後什麼事情都辦不成。

同樣的原則也適用於管理聯邦政府。國會之所以連預算案都無法通過，就是因為沒人懂得跟那些給政府提供資金的利益團體談判。多數時候，國會只接受前一年的開支，而前一年的開支也是再前一年開支的延續。接著，他們就定出一些暫時性的緊急權宜措施，最後根本沒有解決問題，年復一年，只能不斷重複這個壞掉的程序。

我們必須找到最好的人才，包括各個領域的專家、經濟學者，還有立法機關領導者，大家一起來提供不同的意見。這些人要一起來決定哪些計畫進行得很好，應該繼續執行或擴大執行、哪些計畫應該取消，然後我們還能提出哪些新計畫來應對不斷改變的世界。職業政客總是說他們能回答這些問題——可是他們根本就還沒好好分析現況，怎麼可能有辦法解決所有的問題？

一個優秀的領導人必須懂得變通，在最主要的原則上絕不讓步，但同時也要在某些地方妥協，讓大家能團結一氣。優秀的領導人必須精通談判技巧，這樣我們的法案才不會每個都卡在無底豬肉桶裡。我知道怎麼堅持自己的立場——但我也知道共和黨和民主黨必須找到能夠站在一起的共通點。

在下一位總統任期的前一百天，我們必須看到超越歐巴馬七年執政的政績，華府必須再次朝正確的方向前進。這比永遠不可能實現的偉大計畫和其中的細節重要多了，希望你能理解這點。

順帶一提，我已經草擬了很多政策舉措，我這不是「希望的政治」，而是「現實的政治」，只有像我這樣優秀的企業家才能促成。

我的對手還很喜歡拿一個小花招來攻擊我的論點——他們聲稱我不是保守派，不算是共和黨員，甚至連政客也不算！他們說我這種人不可能在華府有什麼作為。

我想告訴這些人一件事：**華府根本就沒有作為**。

諷刺的是，最初就是這些人對我的批評，讓我的想法受人注目，而且越來越受歡迎。我和他們之間的差異，讓美國人民想起他們內心對職業政客的不滿。

至於我是不是共和黨員、是不是保守派，讓我用一個故事說明我們政治系統真正的運作方式吧。二○一五年五月，一個大型保守主義倡議團體（conservative advocacy group）「成長俱樂部」（Club for Growth）的領導人走進我在川普大廈的辦公室。他看上去是個很和善、理性的人，在談話中不時讚揚我在商場上的成就，還說華府需要我這樣的人才。

一週後，我們收到他寄來的信，信中寫著：「我們兩個都知道，創造就業機會的是企業老闆——不是政府。」然後他要求我捐一百萬美元給他。

一百萬！

被我拒絕後，他登報攻擊我。他說我不算真正的總統候選人，還說我「如果佔走任何一場共和黨候選人辯論的席位，就太可悲了。」

佔走誰的席位？我猜是某個捐了一大筆錢給他的人吧。

當我的民調支持率領先其他候選人時，這個團體花了一百萬美元在愛荷華州登廣告攻擊我。這個團體實在是太聰明了，他們來我的辦公室要我捐一百萬——結果付出了一百萬元的代價。

同時，他們還在追隨者面前抹黑我：「唐納．川普是最糟的那種政客，為了當選什麼話都說得出來。」他們所謂的「什麼話」，就是我口中的「實話」。

這個故事說明了我們政治體系裡所有的毛病。我們看政客的時候心裡都會想：這個人被這個百萬富翁買了，那個人也被那個百萬富翁、陳情團體或特殊利益集團給買了。

那我呢？我專門為人民出聲。

所以已經根深蒂固的系統就開始攻擊我。他們不能買通我、不能命令我，所以就想辦法貶低我。他們（難得正確地）指出我一度是民主黨員的事實——我在紐約長大、在紐約工作，那裡幾乎所有人都支持民主黨。

你猜還有誰曾經是民主黨員？隆納·雷根。他換過陣營，而我也和他一樣在好幾年前看到自由主義和民主黨對我們國家造成的影響——現在，我是個胸襟寬闊、支持保守主義的共和黨員。我並沒有「決定」要成為共和黨員，因為我內心一直就是這樣的人。

我天生是保守派，信奉不變的職業道德、傳統價值觀，我在很多方面都非常節儉，也支持強硬的軍事和外交政策。我支持用嚴謹的標準解讀憲法，意思是說法官應該忠於先例，而不是自己編寫社會政策。

我是傳統保守價值觀的代言人——我每天早上起床上班，我很努力工作，我一向誠實待人，我也取得了成功。我現在擁有的幾十億美元？每一分錢都是我努力賺來的。我的生意剛起步時，父親並沒有給我很多錢，不過他教給了我很好的職業道德；如果有人說我父親在我剛起頭的時候給了我兩億美元，你就知道這個人一定是討厭我的那一派。我也很希望他們說的是事實啊！

第一：他沒有那個錢。在那個年代，整個布魯克林的房地產加起來也沒有兩億美元。第二：就算他有那個錢，也不可能給我。

以前我立志離開布魯克林和皇后區去曼哈頓冒險的時候，他雖然認為我瘋了，卻還是對我有十足的信心。我永遠不會忘記他對我母親——我最棒的母親——說的話：「聽著，我不曉得他是對是錯，可是我一定要讓他去試。他很有才華也很有能力，誰知道呢，說不定他真的能成功。」他是個嚴格的父親，但他的心很溫暖；他由衷愛著太太和五個孩子：瑪麗安娜、羅伯特、伊莉莎白、佛瑞德還有我，也一直為我們著想。

父親當時借了我一筆小錢——是用借的，不是給的——大概一百萬美元，跟我去銀行能借貸的數字差不多……然後我旅途中最重要的一段路就這樣開始了。我在幾年後連本帶利把父親借我的錢還清了；那時候我在曼哈頓的生意已經起步了，而且越做越順利。我在有限的時間跟預算內建了大受歡迎的君悅酒店（Grand Hyatt Hotel）和其他建築，賺了很多錢。我父親非常開心，也比以前更為我感到驕傲。

父親九十三歲去世時，把他的遺產留給了孩子們，那時我已經創建了國內外都認可的大公司；家人把資產分一分再扣掉房地產遺產稅之後，我拿到的錢相對我自己賺的錢就沒那麼重要了——拿到當然很好，但不算是一大筆財富。他留給我的東西中最重要的，是他最好的「基因」。他是個非常特別的男人，也是非常特別的父親。

我們來回顧一下保守主義記分卡，算算我的成績吧：

平價健保？這是我的保證——我從來不食言：必須盡快廢除歐巴馬健保，用更好的方案取代它。

改良移民政策？單就這個議題，有誰比我更適合當領導人的嗎？我的計畫很簡單：我們要蓋一座圍牆然後拿回我們國家的管理權，而且還要派大批人員守在邊境。合法移民如果不會講英語就應該去學，不然他們永遠沒辦法融入社會。

定錨嬰兒？有些人花了一輩子的時間努力才得到美國人的福利，有些人甚至為了這些福利賠上性命——可是卻有一些人在我們國家待一天，小孩就可以一輩子享受公民的權益。不能再讓這種事情發生了！

伊朗的問題？我們不能允許伊朗製造核武——這不是恐嚇威脅，我只是陳述事實。不管是我們的盟友或是敵人，所有人都該聽清楚了。

第二條憲法修正案？我認為只要一個人守法，就不該奪走他擁有槍械的權利。

保衛宗教自由？我認為宗教自由是憲法保障的權利中最基本的一條，我們一定要捍衛我們的自由。

修復我們壞掉的賦稅系統？沒有哪個政客比我更了解我們的稅制了；我們一定要修改稅制，讓所有美國人公平納稅——而且也一定要簡化這個系統。

我是個堅定又驕傲的保守派。我跟那些光說不做、整天說自己比別人都保守的政客最大的差別是什麼？我不是嘴上說說就算了，我是真的會去做事。

我在為這個國家出頭，因為我們所謂的領導人都做不到。所以你下次再聽到誰質疑我不是保守派，就把這個列表拿給他們看！

Chapter 10

# Lucky to Be an American

## 有幸生為美國人

我很清楚自己有多幸運，在出生那一天就中了世界彩券的頭獎——我出生在美利堅合眾國。因此我得到每個美國人都有的各種機會：我們有權利成為最棒的自己、發光發熱，我們有權利和其他美國人一樣被平等看待，我們有權利自由發言（順帶一提，我**非常**注重這個權利），我們有權利選擇自己信仰的宗教和信仰方式，我們有權利用自己的努力和才華取得成就，我們有權利在最棒的執法人員保護下安居樂業，我們還有幸在全世界最棒的軍隊保護下生兒育女。

我父母想必知道，今天的我是如此以身為美國人為傲——我的生日是六月十四日，美國國旗日！

讓我來告訴你，我是多麼以身為美國人為榮。你可能聽過，我在佛羅里達州棕櫚灘有一棟房子，叫「馬阿拉歌」（Mar-a-Lago），也就是「海與湖之間」的意思；它有一百二十八間房間，因為是有史以來最美的屋子之一，所以位列國家歷史名勝（National Historic Landmark）。這棟房子是艾德華．哈頓（E. F. Hutton）和他太太瑪裘麗．波斯特（Marjorie Merriweather Post）——喜瑞爾食品繼承人——在一九二七年蓋的。

馬阿拉歌的土地據說是佛羅里達州最值錢的二十英畝。我買下這棟房子之後，想告訴大家我是多麼以身為美國人為傲、多麼感激自己生在美國，所以我決定在屋子前面升起美國國旗；大家都能看見這面國旗，這棟美麗的房子就是要搭配這面國旗。

於是我豎起一面特大號的國旗——十五乘二十五英呎，立在八十英呎高的旗竿上。

國旗在風中驕傲地飛揚，那是多麼美好的畫面！可是棕櫚灘地方政府竟然覺得我的國旗太大了，說它超過了土地分區使用管制法令（zoning regulations）規定的大小——誰知道還有法條規定你掛什麼尺寸的國旗？當我很有禮貌地告訴他們我不打算撤下美國國旗的時候，他們就決定在我撤下國旗之前，每天罰我兩百五十美元。

當時我就說：「棕櫚灘的鎮民代表會竟然因為我掛了美國國旗就罰我錢，他們應該為自己的行為感到羞恥才對。想在這個國家掛起美國國旗還需要特別許可，實在太可悲了。」

接下來我做了什麼事，你大概已經知道了。我向棕櫚灘鎮提起訴訟，告他們侵犯第一、第八和第十四條憲法修正案賦與我的權利，求償兩千五百萬美元。在訴訟時我們寫道：「如果豎立更小的旗子和旗竿，在馬阿拉歌這麼廣闊的莊園裡就會變得不顯眼，不但不能表達立場還會看起來很小氣，而且最重要的是，根本無法適當體現出唐納・J・川普和俱樂部會員的愛國之心。」

等到我們跟棕櫚灘達成協議的時候，罰金已經累積到十二萬美元了。最後我沒有付錢，而是捐了十萬元給伊拉克戰爭退伍軍人的慈善團體。

我以為這件事就這樣結束了，沒想到在二〇一四年，加州帕洛斯佛迪市（Rancho Palos Verdes）要求我降低太平洋岸邊高爾夫球場上七十英呎高的旗竿。其中一個要我撤下旗子的官員還自己承認說：「這面國旗現在已經變成一種象徵了，附近社區的人們把這面國旗視為愛國的象徵。」所以後來我們也贏了這場仗！

我們都曉得，國旗不只是一塊紅、藍、白三色拼起來的布，它對你、我和世界上全部的人來說都是一種象徵。它代表了平等、希望和公平，它代表了偉大的勇氣與犧牲。

大家都聽過我關於移民問題的言論；這麼多人願意賭上性命偷渡來這個國家，是有原因的。在二〇一五年，超過四百四十萬人申請並等著合法遷居美國——其中甚至有超過五萬個伊朗人。某些國家的人想移民過來大約要等三十三年，而且拿綠卡或臨時簽證合法居留的人數大概在一千兩百萬到一千五百萬之間；沒有人知道境內有多少非法移民，不過通常我們估計的數字超過一千一百萬。

過去幾年我一直看著情勢變化，我跟你們大部分的人一樣，越看越不舒服。上上一次覺得美國無愧於它對我們的承諾，是多久以前的事了？隆納．雷根執政的時代，我這樣回答。當時大家都以身為美國人為榮。

《與媒體見面》（*Meet the Press*）節目的時候，查克．托德（Chuck Todd）問我：我

我一生都在為這個國家出頭。在某個保守派網站有位非常討厭我的作家——我懂，這些人都有他們自己喜歡的政客——但在他罵我罵得很難聽的同時，他寫說：「告訴我：為什麼候選人當中只有唐納．川普……願意清楚地說，美國政客的首要義務就是當個美國公民？那些反對這句話的人，能不能請你們列出清單，闡明你們看待事情的優先順序，告訴我們美國人民在你們心目中排第幾位？」

在我心目中，美國公民的權益永遠排在第一位——永遠都是。我的清單上沒有

第二或第三。我們的外交政策、貿易政策、移民政策缺少的就是這種保證，而且已經缺太久了。我們從某個時間點開始，太在意別國對我們的看法；現在閱讀這本書的各位，有人認為我在乎別國心裡開不開心嗎？過去他們畏懼我們，他們羨慕我們，我們受人尊敬。

很多年前，我女兒伊凡卡（Ivanka）去當時的捷克斯拉夫拜訪她母親的親戚。在那個年代，捷克斯拉夫是共產國家，伊凡卡說捷克人會把美鈔貼在車子的擋風玻璃上，就算只是一美元也好，因為他們想展現出擁有美國物品的驕傲。就算只是一美元的鈔票——他們就是想和美國沾上關係。現在呢？現在他們都在嘲笑我們。以前人們常把「美國製」掛在嘴邊，可悲的是，你現在很少聽到這句話了。我們鐵定會再次把這句話當作口頭禪，我們是獨一無二的美國——不用懷疑，這就是我內心真正的想法。

我一直都以強力支持國軍的方式來表達我的愛國心。我們最近沒有那麼支持軍方了，這也是必須改變的一點；我們的軍方需要能用來完成任何任務的人力和物力。我常說，美國軍隊應該要強到永遠不必上陣才對。

當我聽說我們的軍人沒能得到最好的防護就被派去戰鬥的時候，我完全嚇呆了。就在不久前，留在美國本土的父母還會特地存錢買額外的防護用具，然後寄去給戰場上的孩子呢。實在是難以置信。我們必須對我們的軍隊許下諾言：只有在設備品質最好、備量充足的情況下，我們才會派美國人上戰場。然後當我們的軍人回家時，我們會好好照顧他們，給這些辛苦奮鬥的人應得的醫療照護。我們現在對待歸國軍人的方式太丟臉了，這必須改變。

我跟很多政客不同，早在二十多年前就積極參與我們的退伍軍人活動——當時只有大概一百個人上街看紐約每年舉辦的退伍軍人節遊行，這個國家是在「歡慶」第二次世界大戰結束的五十週年。

只有一百個觀眾？這是一種恥辱，也是侮辱了那些拯救了全世界、拯救了民主的男男女女。一百個人！

我和魯迪．朱利安尼（Rudy Giuliani）市長決定出手解決這個問題，我捐了一百萬美元的配套撥款來舉辦第二場遊行。那年十一月十一日，在大約一百四十萬個觀眾的歡呼聲中，我跟兩萬五千位退伍軍人——很多人穿著軍服——走在第五大道上。這才是配得上他們犧牲奉獻的遊行，也是紐約規模最大的遊行之一。

一個月後，我很榮幸在五角大廈（Pentagon）和國防部長還有參謀長聯席會議（Joint Chiefs of Staff）所有人共進午餐。從那時起，我就一直積極支持退伍軍人的各種事務，我的組織也聘用了很多退伍軍人。

現在我們的退伍軍人面對一個重大危機，那就是得不到我們許諾他們的醫療照護。從伊拉克和阿富汗回來的年輕人，理所當然該接受醫療照護，卻還得努力爭取才能得到他們需要的治療。我們跟我們的軍人做好了約定，卻沒有履行諾言，我們連好好照顧這些拚命保護我們的軍人也做不到，哪有資格說我們多愛這個國家？我九月說過，我們必須拆了現有的系統，打造全新的一套系統。這是我們必須做的事情；一定可以成功的。

退伍軍人事務部（Department of Veterans Affairs，VA）大概是美國經營得最爛的政府機構了，由此可見它爛得有多誇張；如果這是我旗下的公司，裡頭的工作人員早就全被我炒了。問題就是，退伍軍人事務部的運作牽扯到太多政治人物了。在很多方面，我們對非法移民都比對自己的退伍軍人還要好，你不覺得很弔詭嗎？納稅人每年繳超過一千五百億美元給退伍軍人事務部，他們拿了我們的錢之後呢？

《拉斯維加斯評論報》（*Las Vegas Review-Journal*）二〇一四年簡單總結了現況：「退伍軍人事務部終於成為大眾注目的焦點，它騙人的候補名單及無理延遲醫治的行為，已導致無數患者死於可避免因素，不過最新消息指出事務部內瀆職、治療不當和公然貪污的情況比美國大眾想像的還嚴重──嚴重太多了。」

不能再這樣下去了。現在管理退伍軍人事務部的人根本不曉得自己在做什麼，明明拿公家的錢拿得比以往都還兇，給退伍軍人的照顧卻越來越爛。等著接受治療的人越來越多，他們等待的時間也越來越長，退伍軍人事務部怎麼可以沒效率到這種地步？我們必須指派一些懂得如何經營大型組織的人去管理，我們必須找到一流的管理人才，給他們足以完成任務的權力、經費和工具。這才是我們對待退伍軍人的正確方式。

無論如何，我們一定要照顧好我們的退伍軍人。要是退伍軍人事務部的醫院辦不到，那這些退伍軍人就得去私人診所、私人醫院，然後醫藥費再由政府償還給這些醫生和醫院。為什麼？因為我們必須履行我們對退伍軍人的義務。

然後最後一點：工作。哪有國家派年輕人上戰場打仗，結果他們回來的時候才告訴他們：「抱歉啊，你們去打仗的時候工作都被別人搶光了。」

找一份好工作很難，對退伍軍人來說更難。有太多太多的退伍軍人找不到工作。他們已經離開職場好幾年了，我們必須認可他們為我們所有人做出的犧牲，然後制定一個讓他們直接投入就業市場的計畫。

出生在這個國家是一個人的幸運。我很榮幸能和所有美國人同享這份幸福，我們為這個國家及它所代表的一切感到驕傲、感激，也尊敬守護這個國家的人們，以他們為榮。

★ *Chapter 11* ★

# The Right to Bear Arms

## 持有武器的權利

對我來說，憲法第二條修正案非常明確：「紀律優良的民兵部隊乃確保自由國家之安全所必須，因此人民持有並攜帶武器之權力，不可侵犯。」

就這樣，句點。

我們的制憲元勳把這個訂為第二條憲法修正案，僅次於第一條——言論、宗教、新聞、集會遊行和向政府請願的自由——由此可見他們明白持有武器的權利對所有美國人來說有多重要。

詹姆士．麥迪遜（James Madison；譯註：美國第四任總統，被視為「美國憲法之父」）

曾指出，這個權利是史上獨一無二的護盾，他說憲法讓人們保留「持有武器的優勢，勝過幾乎所有其他國家的人民……〔在那些國家〕政府不信任持有武器的人民。」

我們都享有這個基本的權利，也都以此來保護自己還有我們的家人。我們的開國元老們知道這個權利對一個自由社會而言不可或缺，他們通過這條憲法修正案就是為了確保政府永遠不能奪走我們的權利或武器。只要回顧歷史我們就可以看見，那些專制的政府是用什麼方法來鞏固自己的權力、控制被統治的人民呢？答案就是奪走人民保護自己所必需的武器。

我擁有幾把槍。我很好運，從來沒有使用這些武器的必要，但相信我，有它們在我感覺安心多了。

我也擁有隱密持武許可證（concealed-carry permit），允許我用別人看不到的方式攜帶武器。

我之所以花時間精力去拿到這個許可證，是因為憲法保障的自我防衛權利不只是在你家裡才適用，而且也不是只對我適用。每個人的身家安全都在憲法的保障之下。

所以我非常贊同讓每一州都認可隱密持武許可證。

每一州的居民在拿到駕照前都要通過駕駛考試，很多州的考試都不一樣，可是一旦你在一個州拿到駕照，不管是哪一州都一定要認可你的駕照。

如果這樣的駕照系統都可以全面執行——這不是權利，而是優待——那為什麼隱密持武許可證就不行？那可是憲法保障的權利，不是國家的優待，應該全面通行才合理嘛。

有人批評憲法第二條修正案也不是一天兩天的事了，多年來很多州政府都用各種管制規定削弱它；權利法案（Bill of Rights）中，就屬憲法第二條修正案最常被攻擊。當然，有些管制有其道理，像是重罪犯跟精神病患就不應該拿到槍枝。

槍的用途之一就是保護人，可以用它來警告那些想傷害我們的人，讓他們知道我手上有武器，有必要的話我會使用它。

我們要保護憲法第二條修正案的話，就必須完成幾個意義重大的步驟——最重要的就是認真起訴暴力犯罪者。我有時候看一看就會覺得，歐巴馬政府逮捕暴力罪犯根本只是做做樣子而已。

情況本來就夠慘了，再加上社區組織對警方施加的壓力，警察就只能綁手綁腳地辦案了。

我們各城市的市中心暴力犯罪情形越來越失控了，謀殺罪的比率也一直上升，還有太多兇殘的毒販和幫派一再犯下盜竊搶劫、駕車行兇之類的罪行。我們一定要把這些人抓起來，不要讓他們繼續造成附近民眾的恐慌，也不要讓他們毀掉更多人的生活。

我在這裡提出一個成功的案例：一九九七年，維吉尼亞州里契蒙市開始實施「流放計畫」（Project Exile），規定持槍犯案被逮到的罪犯會直接被送到聯邦法院審理，而不是市立法院或州立法院。一旦定罪，犯人最少在聯邦監獄關五年，沒有假釋或提早出獄的機會。

這個計畫非常合理，合理到全國步槍協會（National Rifle Association，NRA）和之前提出布拉迪法案（Brady Bill）要限制槍枝所有權的布拉迪運動（Brady Campaign）都支持它。

流放計畫開始實施之後效果很好。全市的廣告看板都出現了這一則訊息：「非法持槍就等著在聯邦監獄待五年」，計畫實行第一年殺人和持械搶劫案下降大約三分之一，然後三百五十名罪犯被逮捕入獄。

十年後，除了計畫最基本的元素以外，州政府補了比較不嚴格的州法，不過里契蒙市的殺人案件還是減少超過一半。

這種規定為什麼對守法的槍械持有人很重要呢？第一，它是減少犯罪的明智手段，我們所有人都喜歡。第二，它明確證明問題本身不是出在槍身上——重點是那些精神不穩定的危險罪犯。

槍枝管制陳情團體似乎還是分不清楚這兩者的差別。

我們不用禁止守法的公民持槍，我們應該更嚴格取締非法販賣槍枝的職業犯罪者。像流放計畫之類的運動才能讓我們的社會更安全。

對抗犯罪還有一個很重要的方式，就是創造出一個好環境——我們不該因為幾顆老鼠屎就一直批評警方，應該感謝這些努力工作的警察才對。在幾個案例中，警察可能因為當時壓力太大而做出不好的反應、用了不必要的暴力，我知道這些情況，也感到非常遺憾。

這些案件總是比警察每天出色的表現還引人關注。

我們把話說清楚：在每天面對很可能失控的各種案件時，我們的警察都做得非常好。例如，我們都知道大部分的犯罪是在小範圍內發生，可能是在一個社區甚至是住家裡，人們吵架就可能會演變成憤怒、暴力和暴行。

這時候誰會被叫去處理事情？當然是警察了。衝進去讓事態冷靜下來就是他們的工作之一；他們每天保護社區居民不被他們之中的罪犯攻擊。發生竊盜或謀殺案的時候，警探就要去蒐集線索，把犯罪者繩之以法。我們的執法人員都受過良好的訓練，非常專業。

從根本上來說，保護自己和家人是我們每個人的責任，我知道。我們必須保持警戒心，看到可疑的陌生人或包裹就要通知相關單位；我們必須組成能聯合作業的社區委員會，而不是用「哈！逮到你了！」的態度面對地方管理機構；當身邊的親友突然表現出憂鬱或古怪行為、在社群網站上貼出威脅性言論的時候，我們也必須提高警覺。

我們同時也有用槍保護自己的權利，這就跟自由信仰和允許媒體批評政府一樣，是最基本的權利。

暴力案件被充分報導的時候，媒體輿論往往很快地把暴力和槍──而不是犯案的那個人──連結在一起。這不僅愚蠢，而且也不必要。

進行我說的一系列措施，對所有美國人都有好處──無論是那幾百萬個守法的槍械持有者，或是那些誤以為槍枝是犯罪本源的人。

我們不能讓精神有疾病的人持有槍枝。這些精神有問題的人現在竟然有辦法弄到槍，實在太不合理了；我們大家都同意這點，也必須解決這個問題，可是我們會遇上一些障礙。

來面對現實吧：我們的心理醫療系統壞了，得先修好才行。一直以來政客都不管這個問題，因為它實在是太複雜了，而且可能要投入很多錢。

但事實就是，我們現在就得處理這個問題。

過去幾年這個國家發生了很多屠殺事件，它們大部分都有一個明顯共通點：人們忽視了本來該看到的警訊，忽視了「未來殺人犯」的徵兆；家長、朋友，甚至是臉書好友，都選擇沉默或移開視線。否定現實是不負責任的行為。

大部分有心理問題的人都不暴力，他們只是需要別人幫忙而已；我們必須投入金錢和資源來擴大發展治療方案，提供他們需要的幫助。可是也有一些人會出現暴力行為，他們對社會、對自己都造成了威脅。

有些人就應該送去治療機構，而不是在街頭流浪。有的法官說那些人也有他們的權利，這當然沒有錯——他們的確有各種權利，但那是在他們對別人和自己造成危害之前的事。到了那個地步情況就不一樣了，我們得保護大眾的權利，保護那些去上學的無辜小孩，保護那些一起去電影院悠閒度過一晚的家庭。

這為什麼對守法的槍枝持有者很重要呢？因為當一個精神不正常的瘋子拿槍犯下可怕的案件時，媒體和槍枝管制運動就會怪在你們這些公民頭上。發生這種槍擊悲劇的時候，肯定會有兩件事情接著發生：第一，反對持槍權的人會立刻利用機會推動它們的槍枝管制運動；第二，那些人提出的管制實際上沒有一條能防範槍擊事件。

我們需要真正的解決方案來處理真正的問題，不需要那些人整天提倡毫無作用的槍枝管制，還利用大家內心的傷痛來推動他們自己的運動。

那我們要怎麼保護並擴展守法持有槍枝者的權利呢？要做到這點，我們就得教育所有美國人，讓大家了解事實。舉個例，有一個花了不少錢而且持續很久的運動，想盡各種辦法要禁制槍械和它的硬件。提倡槍枝管制的這些人提出了一個答案，簡單說就是把槍都扔了。

這條路走到最後，我們哪都到不了。

反對持槍權的人提出管制各種武器的法案時，常常用一些駭人聽聞的詞句，像是要禁止「攻擊性武器」、「軍制武器」或是「高容量彈匣」。

聽起來是不是都很可怕？但他們說的其實就是幾千萬個美國人都擁有的半自動式步槍和標準款彈匣，這種槍械不但普遍而且還很受歡迎。

當制定我們社會政策的人想找一個努力目標，所以盯上槍械的時候，我就會很擔心。最高法院已經說得很清楚了，政府就是不可以——也沒資格——規定美國守法的槍枝擁有者能擁有哪幾種槍；不管是為了自我防衛、射擊運動或任何其他目的，人們應該去買最符合他們需求的武器。

有很多人在討論背景審查這件事，說得好像調查一下每個想合法買槍的人的背景，罪犯就拿不到槍械一樣。全國背景審查系統在一九九八年就建立起來了，每次有人從擁有聯邦許可證照的槍販那裡買槍——絕大多數的槍枝交易都是這樣進行的——就得接受聯邦政府背景審查。

很不幸地，加入更多政府管制的結果跟我們預期的一樣，沒什麼成效；主要的「優點」就是讓守法的美國人更難買到槍械。一篇接著一篇的研究都證明了一件事：很少有罪犯會笨到想去通過背景審查，或是在任何系統裡留下他們的紀錄。

所以他們取得槍械的方式就跟壞人從以前到現在取得槍械的方式一樣——要嘛用偷的，要嘛去跟沒有證照的槍販買，要不然就是拿家人朋友的。

這個系統又是一個聯邦管制完全失敗的例子。啟用這個系統的時候，政府向槍枝擁有者保證審查會又快、又準、又公平，結果根本就不是這麼回事。

然後，還有最後一則警告：我們必須准許軍方在基地和招募中心攜帶槍枝。我們都看到了，在現在的制度下我們的軍方人員——還有他們的家人——在軍事基地裡完全不能自衛，只要有一個瘋子拿機關槍衝進去他們就完了。

最後，我們必須了解持武權利對守法公民的重要性，並保有正確的觀念；我們還必須明白，某些人提出了侵犯這項權利的繁瑣規定，但那些都是在浪費時間和力氣，而且還可能對我們所有人造成危險。我的兒子小唐納和艾瑞克都是全國步槍協會的會員——我也是——我們引以為傲！

Chapter 12

# Our Infrastructure Is Crumbling

## 我們的基礎建設正在崩壞

有些事情明顯到連喬・拜登（Joe Biden）都看得見。

例如我國的基礎建設。副總統拜登曾經這麼說：「如果我把一個人的眼睛蒙起來，凌晨兩點帶他去香港的機場，問他：『你覺得你現在在什麼地方？』他會說：『這裡一定是美國，是個現代機場。』可是如果我把你的眼睛蒙起來，帶你去紐約拉瓜迪亞（LaGuardia）機場，你一定會想：『我應該在某個第三世界國家吧。』」

好消息是，倫敦鐵橋不會垮下來——可是全美國不會垮的橋，大概就只有位於亞利桑那州哈瓦蘇湖市（Lake Havasu City）的這座了（譯註：哈瓦蘇湖市也有一座橋名為「倫敦橋」（London Bridge））。

我們的機場、橋梁、水道、電網、鐵路——我們整個國家的基礎建設——正在崩壞，我們卻完全沒有要處理的意思。前運輸部長雷．拉胡德（Ray LaHood）非常了解這個問題，他曾說過這句極有道理的話：「如果希望美國有安全的運輸系統，你就要出錢投資，可是我們並沒有做到這件事。」

他形容我們處理這個問題的方式，是「瘸著走也行」的系統。「沒有遠見。華府沒有能解決問題的領導者，他們現在只是用OK繃和電工膠帶來修東西，但這種方法就是沒有效。」

這個國家的基礎建設快散架了。工程師說，這個國家十座橋裡有九座的結構都有缺陷，大約四分之一的橋梁功能早就過時了，而且接近三分之一超過了原本設定的使用壽命。

這之中有幾座橋已經塌了。巴里・勒帕特納（Barry LePatner；譯註：美國建築業律師）針對這個議題寫了一本書，他說：「一九八九年以來，我們國內發生了超過六百起橋梁損壞的事件，而且……每一州都有很多座可能會危害用路人的橋。」

我們的基礎建設很爛，而且只會越變越爛、維修費用越來越高昂。現在光是生產力因為這些基礎建設而降低，我們每年就會損失大約兩千億美元，而且這個數字還會每年增加。美國人每天都得浪費好幾個小時卡在車陣裡或是等誤點的火車，沒辦法在辦公室或工廠工作；我們靠卡車司機運送我們需要的物資，結果因為高速公路系統的問題，他們浪費了大把時間，實在令人難以置信。

我以前認為全美塞車塞得最嚴重的就是紐約，但現在紐約離第一名已經很遠了。現在到處都有問題——我們的馬路坑坑疤疤的都是凹洞。我們的機場？開什麼玩笑，太可恥了。

當問題大到連喬・拜登都看得到的時候，你就知道事態有多嚴重了。

你的飛機在拉瓜迪亞機場降落時，感覺就像飛機的輪子掉了一樣不舒服。

當我從中國或是卡達飛進來的時候，簡直像來到了異世界。而且有問題的不只是拉瓜迪亞機場——順帶一提，它終於拿到幾十億的改建款項了——這是個東岸到西岸都存在的問題，像洛杉磯國際機場又是一場完全不同的災難了。

我們用來維持各種機器運作的電網已經過時很久了，未來想靠它來供應我們需要的電力根本就是做夢。我們的高速網路在全球只排第十六名；我出國旅遊的時候看到的都是你無法想像的壯麗景象——保養得很好的橋梁、隧道跟機場，還有很優的高速公路和效率高到我不敢相信的電力系統。

然後我回到自己的國家就是塞車，等車子終於動起來卻是在凹凸不平的馬路上顛顛簸簸前進，狀況似乎永遠沒有要改善的意思。

我心裡就想，為什麼我們不能把這些修好？答案是，我們選出來管這些事情的人不曉得怎麼修。

我們花幾十億在保護別的國家，他們不是應該付錢給我們嗎？結果你看，我們連自家城市的馬路都凹凸不平，自己社區裡的學校都蓋不成。我去過很多次中國，在中國你不管往哪個方向看，都能看到直指天空的起重機。中國人蓋一座新城市感覺十二分鐘就蓋好了，我們這邊光想在自家裝個屋頂窗就要申請許可，隨便都能浪費好幾年。

世界經濟論壇（World Economic Forum）將美國的基礎建設排在全球第十二名，在西班牙、荷蘭、阿拉伯聯合大公國之類的國家後面。有部分原因是我們沒有拿出足夠的錢來修整、建造或保養我們的「設備」；歐洲和中國都會用高達GDP九％的經費來進行各種基礎建設計畫，可是我們只花了二．四％。

說到建設，你就不能不提川普——國內沒有一個建設家的名字和我一樣出現在這麼多不同種類的建設計畫上。

紐約市浪費了七年想蓋溜冰場，我不到四個月就完工了——而且花的錢還是在預算內。之前哈德遜河畔是一大片鐵路調車場，沒有人知道該怎麼開發那一片土地；你現在開車經過就會看到幾千棟華美的公寓，每一棟建築物都寫著同樣的名字——川普。

想想看紐約最偉大的建築之一——華爾街四十號（40 Wall Street）。它曾經有一小段時間和克萊斯勒大廈（Chrysler Building）並列全球最高的兩棟大樓，可是後來它年久失修，悲慘極了，連辦公空間也租不出去。

我買下了華爾街四十號之後，把它徹底改造了一番，現在它可是棟經典建築物——順帶一提，裡頭空間百分之百租出去了，而且獲利豐厚。我在棕櫚灘的家馬阿拉歌莊園，一度是國內最豪華的宅邸；但是它的上一個主人——美國政府——卻任由它變得破破爛爛的。當時沒有人看得出它能夠再度輝煌，我把它整修了一番、重建了一番，而現在——快上網看看我的成果。我們讓那棟豪宅重現了過去的輝煌，然後還把它改造得更棒！

我們的國家也可以脫胎換骨。

在華府，我正在把賓西法尼亞大道上的舊郵局大樓（Old Post Office Building）改建成全世界最豪華的飯店之一。我是從總務署（General Service Administration，GSA）那邊買下這棟建築的，那時候有很多人搶著要買，不過總務署希望買家有能力把它變成獨特的地標，所以把大樓賣給了我。我為什麼搶到了這棟建築呢？有四個理由：第一，我們很強；第二，我們的計畫很好；第三，我們的財務報表很漂亮；第四，我們不只是強，我們超級厲害，不但能完成約定的事項，有時候還會超出眾人的期望。總務署不愧是專家，從一開始就看清了這點。

這才是我們國家應有的運作模式。

修復基礎建設會是這個國家史上最龐大的計畫之一，不會有第二次修正的機會了。我問你，如果你家要垮了，你得在它完全倒塌之前請人來修理，你會請哪種人？你要請一個拿計畫書給你看的人，還是一個用無數次成功案例證明自己有能力的人？

在美國，我們的房子就要垮了。我過去開發了無數個建設計畫；我自己籌錢、解決數不盡的問題、找到合適的人，然後完成每一項計畫。沒有一個政客能誠實說出這六個字：**我拿得出成果**。

想成為全球最大經濟體，我們就不能不想辦法處理基礎建設的問題。我們的經濟需要流動——不管是象徵意義也好，字面上的意思也好；我們需要由夠強的基礎建設來支持並促進經濟流動。

當你準備進行美國史上最龐大的長期建設計畫時，你就得找最適合的人來負責這項工程。你需要一個有相關經驗，而且不怕肩負重責大任的人；你需要一個懂得如何跟工會、供應商，還有——對，沒錯——跟律師打交道的人。我每天都跟這些人來往，而且絕對不會處於下風。

不同的人面對這種複雜的問題都有不同的應對方式，有的人看到這種問題就會搖頭放棄，心裡想著我做不到；這種人有一個名字，就叫「州長」。然後還有些人會討論這個議題、拿別人的錢去花，還可能會秀幾張草圖給你看；這種人也有名字，那就是「參議員」。

對我來說，修復國家的基礎建設會是一個優先處理的大案子。先前我在新罕布夏州幾千人面前演講，有個年輕的先生問我對人類登陸火星的計畫有什麼看法。

「我覺得那是個非常精采的計畫。」我告訴他，「不過我想先重建我們在地球上的基礎建設，懂嗎？」我的意思是，我們都有辦法送人類上月球了，為什麼不能修補好通往歐海爾國際機場（O'Hare International Airport）的馬路？我不懂。

我們處理事情怎麼不分輕重緩急呢？

在我們造橋去火星之前，讓我們先確保密西西比河上的橋梁不會塌掉吧。

我最愛困難的挑戰了，當我們聽到別人說某件事辦不到的時候，沒有人的反應比我更好了。一件事在別人眼中可能是可怕的難題，在我看來就是天大的機會。沒有任何東西——絕對沒有任何東西——比建設更容易促進經濟成長。

幾年前，金融投資機構穆迪（Moody's）估算聯邦政府每投資一美元去改善高速公路和公立學校等基礎建設，全國經濟就會得到一．四四美元的回饋。國會預算局（Congressional Budget Office）也說了，投資基礎建設是最直接影響經濟的做法。

你知道為什麼嗎？答案是工作。

這些建設項目給人工作機會——不只是建築工人，還有製造商、供應商、設計師，甚至是律師。參院預算委員會（Senate Budget Committee）估計，若重建美國，就會創造出一千三百萬個工作機會。

我們的經濟需要更多就業機會。我知道現在的失業率大概是多少，但我也知道這世界上沒有復活節小兔兔這種生物。你去問建設工會，去問問那些其他的工會，現在有多少會員在找工作？去問那些失業的水電工跟石匠，找一份好工作有多難？

如果我們好好完成我們該做的事，就能創造出羅斯福新政（New Deal）以來最繁榮的經濟盛景；我們大量的基礎建設都是羅斯福新政時期蓋好的，我們現在該怎麼做不必用腦子想也知道——這個策略簡單到連民主黨都想得出來。

最重要的問題是：「這要花多少錢？」還有「這些錢從哪裡來？」幫一項計畫籌錢對大部分的政客來說太複雜了，他們根本就不了解；這些項目需要現實世界的金錢，而不是紙上幾個數字，怎麼妥善運用手上的預算是必須靠經驗來學習的。

我們從以前到現在眼睜睜看著政客浪費我們的稅金，我想大家都同意一件事：絕對不能讓他們負責實施幾兆美元的重建計畫。

當我蓋一棟建築的時候，我會緊緊盯著預算，那其中至少有一部分是我掏腰包提供的錢——如果我做好我的工作，那就會有更多錢回到我的錢包裡。我知道每一樣東西的價格，我知道我的錢會跑去什麼地方，我知道誰事情辦得好，我也知道誰只付出半調子的努力。我們的政府也應該知道這些事情。

對聯邦政府來說，這會是一筆很貴的投資，這點絕無疑問。不過長期下來它不只會回本，還會在建造過程中促進我們的經濟，完工之後也會讓貿易更方便、更容易——而且我們還能在有限的時間和預算內完成這個計畫。

找資金來支援這種計畫，有很多不同的方法。我們必須找到各種不同的財源，像是在一些地方就得發行公債——錢就在那裡，我們只需要把它拿來用在正確的地方。這個計畫最棒的一點，就是每個城市、每個州都有需要重建的地方；意思就是，我們真的能全國出力完成建設計畫，但同時也能從每個地方控制計畫實施。

如果我們認真想讓美國再度偉大，就必須從這裡出發。修整基礎建設不僅能創造就業機會和促進經濟成長，還能讓我們每天下班後更便利地回到家，並且讓美國重現過去美麗的風貌。

★ *Chapter 13* ★

# Values

## 價值觀

人們最常問我的一個問題就是：「川普先生，我要怎麼變得有錢？」

其實這些人真正想問的是：「我要怎麼變得快樂？」

大部分的人都相信，只要有錢他們就會自動變得快樂。我不會騙你，有了錢你確實多了很多美好的機會，但是財富不見得能讓你變得快樂。我一路走來學到了這一點：財富和幸福是完全不同的兩回事。

我認識全球最有錢的幾個人，他們很多都是厲害的談判家、厲害的商人，可是他們不見得是好人，也不見得是快樂的人。他們很有錢，他們很聰明——可以的話我很想請他們來幫我談生意，不過他們的私生活可能就沒那麼完美了。

我認識的人之中最快樂的，是那些擁有真正價值觀和美好家庭的人。我都看過，我都懂；夫妻恩愛而且很愛自己孩子的人非常快樂。宗教也會影響一個人幸不幸福，在生命中找到上帝的人通常因為這份信仰獲得很多快樂和滿足。

有些人看過我在《誰是接班人》中開除別人、讀過我的暢銷書、參加過我的「習技專題」（Learning Annex seminar），可能認為他們了解我。他們了解一部分的我——我作為商人的部分，專業的部分。我平常不太會提到我的私生活或是我個人的價值觀，或是我如何成為今天的我。

首先，我的父母對我的影響非常大。佛瑞德．川普是有錢人，不過他一直都要求他的小孩努力上進；相信我，他並沒有直接給過我們任何東西——我們想得到什麼就要自己努力。他去布魯克林區比較亂的地方收小額租金的時候，也會拖著我一起去；當房東可不是什麼輕鬆歡樂的事，你得拿出強硬的架勢才行。

我看過他按門鈴之後閃到門的一邊。

「你為什麼要站那邊？」有一次我問他。

「因為他們有時候會直接開槍射穿門板。」他回答我。一般這種工作都是收租人在做的，不過方法大同小異。

我的職業道德來自我父親。我認識的人之中沒有人比我更努力工作了。我時時刻刻都在工作。這不是錢的問題——除此之外我不知道還有什麼生活方式，我非常熱愛這樣的生活。

我自己帶小孩的方式，也跟父母撫養我的方式一樣。我有五個很棒的孩子。比較大的幾個孩子在成長過程中，我幾乎每天都會跟他們一起吃晚餐；當他們需要我的時候，我一直都在他們身邊。

說實話，身為父親的我比身為丈夫的我好太多了。因為我花太多時間在工作上，往往沒辦法變成幾任太太希望我變成的好丈夫。是我的錯，我當時忙著在房地產界和商場上打拼，感情很難贏過我人生的那一個面向。

我的小孩就不一樣了。他們需要我的時候，我一直都在他們身邊。我最大的兩個兒子宣稱在全世界億萬富豪的兒子之中，只有他們兩個會開卡特彼勒D10重型推土機。我女兒伊凡卡的朋友去南法度假的時候，她則在紐約工作。

我的孩子也各自擁有很棒的母親，孩子們一個個被拉拔成刻苦、有禮貌的大人，讓我驕傲不已。我們和一些朋友的家庭不一樣，從來沒有吸毒或酗酒的問題，希望一直如此！現在，我則看著我的孩子們一個個變成偉大的父母了。

我從小在紐約皇后區長大，是個態度強勢的小鬼。以前我想成為社區裡最惹不起的小孩，養成了嘴上誰也不放過而且從不讓步的習慣。老實說，以前的我算是個愛惹事生非的小孩。我父母終於幫我辦了退學，送我北上去唸紐約軍校。可就算在軍校，我還是捲入了不少是非。

雖然我不怕跟人打架，但我後來還是學到了教訓。我學會尊敬別人，也學會克制自己，等我變成高年級生的時候，還當上軍校生上尉（cadet captain）——軍校生最高的位階之一。

我的宗教價值觀是母親教給我的。我去的第一間教堂是皇后區牙買加社區的第一基督教長老教會（First Presbyterian Church），我每個禮拜天都去聽聖經講座，教會對我的影響很深。後來我在紐約的時候，都去諾曼・文生・皮爾牧師（Reverend Norman Vincent Peale）的大理石教堂（Marble Collegiate Church）。在佛羅里達州棕櫚灘時，就去貝塞斯達海濱教堂（Bethesda-by-the-Sea）。

皮爾牧師就是我喜歡的那種神職人員，而我也喜歡他這個人。我特別愛聽他佈道，他每次都傳達一種很正面的感覺，讓我對上帝、對自己都充滿了自信。離開教堂的時候，我都覺得就算再聽三場佈道也不成問題。

諾曼．文生．皮爾寫了堪稱經典的《積極思考的力量》（*The Power of Positive Thinking*）這本書，我從他身上學到了很多。

人們聽說我是信仰虔誠的基督徒時好像很驚訝；他們看到我身邊的財富，有時候就是不會把這些和宗教信仰連結起來。這種想法不正確——我會上教堂，我深愛上帝，我也深愛我和祂之間的聯繫。

我以前就說過了——我覺得聖經是有史以來最重要的一本書，第二名跟它相比之下差得遠了。

也許《交易的藝術》（*The Art of the Deal*）是第二名。（開玩笑的啦！）

這些年來，我跟教會的關係很不錯——上帝存在我生命中的每一天。我不會每個禮拜天都上教堂，不過我會盡量常去；有特殊活動的禮拜天我都盡量出席，重大節慶的時候我也都會去教堂。人們喜歡送我聖經，我也很愛收到這些禮物。

有一晚我參加吉米．法隆（Jimmy Fallon）的節目時，他問了我一個問題：「你有沒有道過歉？你這輩子有道過歉嗎？」我對他說，我認為道歉是一件很棒的事——但也要你有錯在先。然後我保證說：「如果我在遙遠的未來做錯了什麼事，我一定會道歉的。」臺下觀眾笑了——他們是該笑沒錯。你如果想知道我有沒有犯過錯，最好的辦法就是去問我的小孩，他們會告訴你實話。

我當然犯過錯，有哪個人類沒犯過錯嗎？但我做錯事的時候，我會去改正錯誤，然後從此以後都做得更好。

有人曾問我，我會不會覺得基督教福音影響了我的政見？自從虔信天主教的阿爾．史密斯（Al Smith）在一九二八年出來競選總統，競選公職的候選人都會被問到這個問題。很多人認為，自一九六〇年約翰．F．甘迺迪（John F. Kennedy，JFK）說他會成為所有美國人的總統之後，徹底終結了這個議題。我就是我，基督教教義存在我內心深處，也是因為上帝的福音，我才會成為今天的我。在商場上我不會積極用宗教信仰為標準做決定，不過我的信仰一直都在──對我來說一直都非常重要。

真正讓我不舒服的，是我們的宗教信仰在公眾場合遭受的對待。你在公開場合可以說的話、不可以說的話，還有可以在美麗公共場所建造的東西……這些都是有限制的。事實上，就是我們根深蒂固的宗教信仰讓這個國家變得如此偉大，我們對聖經教誨的信念和我們的成長、成功息息相關。

這是我們的傳統，過去兩百年來我們也過得很好；想當年，你在一些公共空間可以看到美麗的馬槽，也從來沒有人因此有怨言。

現在呢？我們很少看到聖母瑪利亞和小耶穌的形象，就連「聖誕節」這個詞也不知怎麼變得有爭議性了。

世界上有誰聽到「聖誕節快樂」會感覺被冒犯的？！這句話又沒有批評貶低別的宗教，也沒有不尊敬信仰其他宗教的人，它明明就是很好的傳統。

我不了解，為什麼那些口口聲聲要別人尊重他們信仰的人，卻不會去尊重別人的信仰。感覺每個禮拜都有某個和基督教有關的議題被否決，我認為這很誇張，超級誇張。總統應該針對這件事做些什麼，如果要通過法律手段也應該去做……可是現在的總統卻什麼也不做。

大家都知道我不喜歡歐巴馬總統，我認為他是個很糟的總統——他沒經驗又自大，把我們國家給害慘了。他害我們的國軍變弱，疏遠了我們的盟友，還讓我們的敵人膽子更大了。他濫用他的職權，下達了他沒權力下達的行政命令；下一任總統還得去廢除他的好幾項行政措施。

在新罕布夏州辦造勢活動的時候，有個人說了一句在某些人聽來是反穆斯林的話，我因為沒有回應他就被很多人批評。每個人都有他自己的信仰和意見，我沒有義務幫總統說話——歐巴馬總統也不可能幫我說話。

有誰懷疑我對女性的看法，就去好好看一看川普集團（Trump Organization）吧。

去看看我的集團裡有多少女性成員，光是這點就能反映出我對女性的正面看法。很久之前——在別人給女性領導者機會以前——我就已經把好幾個女性員工放在川普集團的重要管理職位上了，因為我知道她們辦得到。我是紐約市第一個讓女人主導大型建設計畫的開發商。

在《誰是接班人》節目中，我也常常指出各個女性在商場上的優點。只要去問問那些為我工作過的女性，她們一定會告訴你同一件事——我是個很嚴格、要求很高的老闆。你有功勞我就獎勵你，你做錯事我就處罰你，我對待替我做事的女性和男性是一樣的。女性員工表現得好，我就交給她們更多責任。我付給男女員工的錢一樣多、升遷機會一樣，如果有人把事情搞砸，不管男女我都一樣會開除。

我為我自己和女性之間的關係感到驕傲。

在女性議題上最適合幫我代言的，或許是我的女兒伊凡卡。我的孩子們不但和我合力工作，當別人抨擊我的時候，他們也會第一個跳出來替我說話，我為這點感到極其自豪。

★ *Chapter 14* ★

# A New Game in Town

## 新的遊戲規則

玩笑歸玩笑，我並不認為白宮屋頂需要搶眼的霓虹燈，沒必要加蓋廂房，也不用售出白宮上空的所有權。

不過，我確實認為我們必須幫白宮引進一些商業頭腦。

就算你什麼都不知道也該明白一件事：我和歐巴馬政府不一樣，我是驕傲、自信地為這個國家出聲。我會和過去一樣，一直當美國最熱情的啦啦隊員——支持那個身為贏家的美國，而不是整天輸得七零八落的美國。

從我一生的經歷可以看出，我不怕直接

盯著對手的眼睛，我會直截了當地說出我的信念。

我從來不擔心什麼政治正確，我也不用靠民調來幫我決定政見。

我也沒有理由改變我做事的態度。

我們國家面對的種種議題太重要了，不能不用最誠實的眼光去分析狀況、決定下一步該怎麼走。

我們在世界各國中是獨一無二的存在，所以我們不該跟著別人的腳步，而是應該領導大家前進。

當個贏家，而不是輸家。

我們擁有燦爛的歷史；美國是地球上從古至今的所有國家中最偉大的一個，可是不知道為什麼，我們的領導者卻不願利用我們的優勢做一番大事業。

我之所以能打造出全世界最受人尊崇的品牌之一，是因為我不管做什麼都在當它的活招牌。我很久以前就發現了，如果連我都不為自己的商品感到驕傲，那其他人不就更沒理由感到驕傲了嗎？

我把我自己的名字寫在我的建築和我的產品上，然後我一直支持它們。現在人們看到寫著我名字的東西，就知道那必定是品質最高的傑作。

全世界我最引以為傲的，就是美利堅合眾國了。我永遠會是它最強的盾，也永遠會是我們美國史上最棒的售貨員跟啦啦隊員。

美國是自由世界的領導者——我們已經獲得了誇耀的權利，也有資格大聲說：我們隨時準備用任何必要的方法保護這個國家，還有保護世界任何一處的自由。

我們的國歌歌詞說的沒錯：這裡是自由的國土、勇士的家鄉。我們是時候實踐這句話，讓全世界知道我們願意用行動證明這句話了。

「讓美國再度偉大」的意思就是信守承諾。我們過去眼睜睜看著歐巴馬總統在地上畫了一條又一條的界線，最後什麼線都不剩……我們丟了自己的面子，也愧對我們的歷史。

當你的盟友不信任你、敵人不怕你的時候，你在這世界上就沒有半點信譽了。現在，我們的盟友不知道該不該相信我們，也不知道該把我們說的話看得多重，畢竟歐巴馬總統已經說了太多空話。

我們都看見了普丁無視歐巴馬，看到敘利亞境內戰個不停的各個派系忽視他，看到中國人用我們的貿易政策佔了我們好多便宜。我們都看見了伊朗代表離開核武協議的談判桌（還說是開啟了合作的「新時代」），結果過沒幾個禮拜，這位阿亞圖拉（Ayatollah；譯註：伊斯蘭什葉派宗教學者的等級之一，意為真主的象徵）又喊著要毀滅以色列——邊喊邊嘲笑我們美國。

那我們自己家呢？距離白宮只有幾條街的國會，正準備決定要不要讓政府停止運作，這件事幾乎每隔一年就要發生一次。

我們需要一個能讓國家恢復尊嚴的領導人。有人批評我，說我都沒有提出複雜又鉅細靡遺的政見，可是當你國家的信譽根本不足以實施政策的時候，你的計畫細節再多又有什麼用？反正我還是提出來了。

我們要回到最基本的原則，回到我們國民深愛的美國，因為我們曾被世界認可為進步與和平的主力。

我在經商時學到了不少教訓，很多都適用於我們現在的情況。最重要的教訓是——**力挺你說過的話，然後也要確保你說到做到**。跟我打過交道的人一定會告訴你，我這個人不會亂說話，只要說了就代表我是認真的。

我不會做不到一件事還跟你保證沒問題，也不會威脅說要做某件事結果不去做。永遠不要認為你有霸凌我的能耐。我的生意夥伴和員工都很清楚，我說話如簽約——而且對方最好也給我說到做到。

我信守我自己的承諾，也會信守我們國家的承諾。

在我們自己家，我——毫無疑問地——力挺憲法；在海外，我毫無疑問地力挺我們的盟友。

我們再也不該讓友善的國家或結盟的元首質疑我們是否堅定支持他們了。

然後再也不該讓敵人和敵方元首誤解我們決一死戰的決心——戰到他們死為止。

我們不需要由以色列總統來我們的國土對我們的國會說教，提醒我們這個國家曾經代表的意義。

「讓美國再度偉大」的意思就是再也不倒退一步。是的，我們會從過去人物的英勇事蹟得到啟發，不過我們從現在開始只會往前衝。小時候參加體育活動的時候，我們常說一句話：如果你倒退了第一步，那乾脆一路倒退到底算了。

換句話說：如果你能接受失敗，那你就已經失敗了。

有時候在商場上，改變策略甚至是直接放棄這筆生意才是明智的選擇；你永遠不能害怕放棄賠錢的生意。

怎麼沒人跟歐巴馬總統還有約翰．凱瑞解釋這個道理？

只有當你願意說「夠了」的時候，你的力量才會結成一氣，強迫對手改變他們的行為。

我知道跟人談判的時候不可能完全不妥協，但若牽扯到我們的核心原則和實力，就不能讓步或退縮。這就是為什麼我們必須重整軍隊，不讓任何人懷疑我們的實力或目的；如果別人來挑戰我們，我們就會去迎戰。以後，其他國家跟其他領導人就不會再對我們半信半疑了。

我自己經商的風格很直接。我的野心很大、目標很高，然後我就一直一直朝著目標前進——直到超越原本的目標。到最後我可能沒辦法得到我想要的一切——這點我明白——可是我永遠不會放棄最基本的目標。

「讓美國再度偉大」的意思，就是說服最聰明、最優秀的人才來華府，一起以國家為優先，為國家效力。事實就是，政府的名聲很差都是政客害的；這真的很可惜，最優秀的人才都不想被牽扯進什麼事情也辦不成的官僚體系。

你能怪他們嗎？

我們的政府需要的是知道怎麼把事情做好的執行者，這種勞工和執行者一定是他們產業裡的新星，就算現在不是，以後也必定是。我們有很多公務員也等著好的領導人來激勵他們。

很多年前，這種人想進政府機關工作，因為他們相信政府存在是為了幫助人民，他們只要做得好就能為國家做出貢獻。他們相信公職是為了服務大眾存在的。

現在華府的圈內人士氣低落，圈外的人也不想進去了。有那麼多人想著要改變華府，進去以後卻發現被改變的是自己——而且還是往不好的方向改變。

有雄心壯志的公務員沒辦法突破那些官樣規章，不得已只能離開政府機關去私人企業工作，結果留在公家機關辦例行公事的，就只剩那些想著終生捧鐵飯碗吃飯的野心家。

這是個糟糕的惡性循環，政府機構滿是想做事卻處處受阻礙的好人，然後因為政府什麼都做不成，外面的菁英人才就不想進華府工作，到最後政府還是一事無成，而且完全不會改善。

我們必須營造出令人心潮澎湃的氣氛，然後把正確的人放上正確的位子，讓美國再度偉大。我們川普集團很少招不到我們需要的人才，其中一個原因就是傑出的人才都知道他們來了這裡，就會在積極進取、為了闖出大事業而存在的公司裡扮演關鍵角色——這才是令人激動的工作環境嘛。

人們都想來這種組織參一腳；他們知道大家會尊敬他們的成就、評判他們的成就，也知道他們在我的公司絕對不會無聊，而且努力工作就會得到優渥的回報，並一起站在成功的光環下。

外面那些很有才華的人，會很想成為共創未來的人物之一。當然，我們也不能不控制預算，所以公務員的總數會少一點，不過這只意味著更激烈的競爭——大家都想擠進最棒的團隊。

「讓美國再度偉大」的意思就是恢復法治和紀律，不管是在大街小巷或是法庭都一樣。我們的警察每天盡力保護我們，做得非常好，可是他們沒有得到應有的支持，工作越來越難做了。警方就像我們的軍方一樣，他們保護自己、保護所有勤奮正直的國民需要各種配備，我們必須把他們需要的裝備給他們。

政府必須站在他們這一邊，而不是跟罪犯卿卿我我的。

我的意思很明白，就是我們要找能嚴守法規的法官，而不是在法條裡找漏洞或想自己立法的那種。

我們任命的法官必須是遵守憲法，把立法留給立法機關去做的法官——而且不只是最高法院，整個司法體系都一樣。下一任總統很可能有機會任命兩位以上的最高法院大法官，他的人選會決定接下來幾十年最高法院走的路線。我們需要程度夠、水準夠的法官坐鎮最高法院。

「讓美國再度偉大」就從自家做起。這代表要讓白宮再次找回尊嚴，讓我們整個國家找回尊嚴。美國總統是全世界權力最大的人，他是民主和自由的代言人；我們是不是該找回這個職位應有的盛大、隆重，還有受眾人敬畏的場面呢？

意思是，在政府機構上班的人應該隨時看起來很專業，表現也要很專業——尤其是我們的總統。你的穿著打扮和言行舉止是表現尊敬的重要方法，對你代表的那些人還有你去應付的那些人，你都必須表現出尊敬的態度，一個人在他人心中的印象是非常重要的。

「讓美國再度偉大」的意思，就是從那些有錢的特殊利益集團手裡，奪回我們的國家。我們的國家沒辦法全體意見一致地解決重大問題，就是因為有固執己見的陳情團體和特殊利益集團利用「特殊門路」整天擠在國會裡。

每個人都說要傾聽民意，但若是沒有人代表民意站出來，你又如何能聽得見呢？而我正在傾聽著。

讓我們來找回這個國家的信用和驕傲，讓美國再度偉大吧。

Chapter 15

# Teaching the Media Dollars and Sense

## 讓新聞媒體學會何謂金錢與判斷力

「我希望唐納・川普——《名人接班人》（*Celebrity Apprentice*）那位話說得很誇張的主持人——會參加總統大選。」二〇一五年四月，《華盛頓郵報》專欄作家蜜薛爾・辛格特立（Michelle Singletary）寫道。她接著寫說：「然後我們就能看到他經過驗證的收入、投資和債務報表。不過我在此也做一個川普風格的預測——就像這位房地產開發商沒有證據就做出各種宣言一樣——川普不會參選。他不會正式宣布參選，因為政府倫理法（Ethics in Government Act）規定競選公職的候選人要公開他們名下的資產。」

魯柏特・梅鐸的《紐約郵報》（*New York Post*）裡，最聰明的凱爾・史密斯（Kyle

Smith）也把一切都想得透徹了。

他寫道：「我有唐納．川普的重大新聞，很大、超級大，我比所有人都還早得到這個消息。唐納．川普要參加大選……是『我愛唐納．川普粉絲團』的總統大選，肯定會以壓倒性的票數勝選。喔，你說另外一場選舉？不會的，怎麼可能。在共和黨的愛荷華州林肯晚宴（Lincoln Dinner）上，川普聲稱他在六月會宣布一則『讓很多人驚訝』的消息，並不是他準備加入期待已久的選戰。他只不過是一如往常地推銷唐納、製造新聞、引發話題而已。」

《國家評論》（*National Review*）雜誌的喬納．高德柏格（Jonah Goldberg）實在是個噁心的傢伙，他跟平時一樣無能地寫著：「跟川普辯論，就像是給可愛的小朋友穿維京人服裝，然後聽他說他要攻擊我的村莊、殺光擋路的所有人——很可愛，很好笑，如果他一直講不停可能會令人有點不安……可是這就跟聽川普胡言亂語一樣，永遠不能當真。」

這就是我們「客觀」的媒體今天的模樣：很糟糕，常常還很可悲。這些應該報導新聞的人腦子裡沒有「公平」這個概念，因為他們相信自己是專家，他們「最在行」——他們知道內幕。

這些人從來就不知羞，但他們明明就應該感到羞恥才對。他們一定認為他們的讀者都是笨蛋，隨隨便便就會忘記過去的報導出了多少次錯誤。等到我宣布參選之後，甚至還有很多記者不相信呢。

不曉得為什麼，這些人都「知道」我不會公開個人資產——因為川普說不定不如大家想的那麼有錢。結果呢？大家看到我公諸於世的資產列表，發現我比他們想像中有錢多了。

「出色」的高德柏格又（完全錯誤地）寫道：「過去，川普總是在懸崖邊勒馬。何必拿他最愛的電視節目去冒險呢？何必讓大家知道他沒有自己說的那麼有錢，搞得很丟臉呢……可是情況改變了……然後川普跳下去了——不過他還沒依照規定公開個人資產。我不禁心想，他要不是以後會突然找理由退出，就是已經找了一批會計師想一個既能保住面子又不會犯偽證罪的辦法。」

我覺得實在是太不可思議了，這個國家的媒體怎麼會這麼不誠實呢？人們有時候會忘記，這些報紙和電視台都是要賺錢的——至少，他們很努力想賺錢。如果在誠實報導新聞跟賺錢之間做選擇，你說他們要選哪一個？

可悲的是，這只證明了一件事：不管是自由派或保守派的新聞媒體，都會說謊、都會厚顏無恥地扭曲新聞。我也遇過一些記者，跟我對話的時候忠實地寫下我說的話，然後再東改一點西改一點，把文字跟意思改得面目全非。

記者寫關於我的文章、報導關於我的新聞，甚至是採訪我——在報紙上、雜誌上、電視上——已經快四十年了，很多的報導都很好很公正，可是也有的根本鬼話連篇，爛到不行。我跟很多好記者都處得不錯，我真正有意見的是那些想引人注目，寫了關於我和川普集團的謊話的人。有些經歷我怎麼樣都忘不了：有一次，有個著名刊物的所謂「記者」來我辦公室採訪我和幾個經理，我們給了他一大疊資料，給他參考各種財務報表，他想看的都給他看了——結果他寫出來的東西絕對是我見過最假的文章之一。民眾一般對一篇報導的關注只維持不到一個禮拜，特別是你能獲得的故事和我做的事一樣多的時候……但負面新聞留下的印象就沒那麼快消失了。

有很長一段時間我一直無視這種攻擊，畢竟我在世界各地建了各式建築物和高爾夫球俱樂部，我的電視節目排行前十，而且我有一個很幸福的家庭，我不想多花時間去理會那種人。可是後來我的表親約翰．沃特（John Walter）打電話來跟我抱怨，他聽說有一篇報導說我一九九二年以後就沒有蓋過建築了，叫我去好好澄清。我不能再讓記者寫這些錯得離譜的新聞了，什麼叫我一九九二年後就沒蓋過建築了？太不可思議了，一個人要寫出這種鬼東西，他除了無知以外肯定也是個瞎子，明明隨便查資料都可以查到我這幾年的成就。我之所以現在提這個，是因為要讓大家知道，你不能看到什麼、聽到什麼就輕易相信——尤其是關於我這種人的新聞。

我可以列出我一九九二年後做過的數十項大型計畫（你可以去看附錄），不過這裡先舉幾個例子：像是一九九六年開幕的川普國際酒店大廈（Trump International Hotel and Tower）——一棟得過獎的五十二層高樓。還有二〇〇九年在芝加哥開幕的川普國際五星酒店大廈（5-star Trump International Hotel and Tower）；還有花費十三億美元、二〇〇八年在拉斯維加斯開幕的川普國際酒店。「華爾街的寶石」華爾街四十號，一度是世界最高大樓，被我全面整修後，於一九九六年重新開幕，現在滿租。舊金山第二高的加利福尼亞街五五五號（555 California Street），在整修後於一九九六年重新開幕。要我列出好幾頁都不成問題。三十五層樓高的川普公園大道（Trump Park Avenue）。川普世界大廈（Trump World Tower）。我也建了全世界最棒的幾座高爾夫球場，從棕櫚灘到蘇格蘭的亞伯丁市都有。還有邁阿密的川普朵拉國家度假村。我在蘇格蘭和愛爾蘭有三座代表性的高爾夫球場，還有幾百間飯店和住宅要嘛是我自己蓋的，要嘛是我整修過後變得比原本還好的。而我最近的進展也沒有慢下來——華府美麗的舊郵局大樓很快就會改建成華府川普國際酒店（Trump International Hotel, Washington DC），預計二〇一六年開張；我為了得到修整這棟宏偉建築的機會，在激烈的競標戰中勝出。

還有很多、很多。誰都看得出來，從一九九二年到現在，我可是忙得不可開交！

所以說，懶惰記者寫出來的爛新聞確實會讓我惱怒。我覺得，只要是跟我一樣努力工作的人都會惱怒；而在我公司上班的好員工，看到記者寫這種鬼話應該也很不舒服。你下次看到或是聽到關於我的新聞，如果感覺不太對勁的話就打開電視仔細看看那位記者，問問你自己，你尊敬這個人嗎？

還有一位記者在大型新聞刊物裡亂寫，說我剛開始工作的時候，父親給了我兩億美元。我也很希望這是真的！這位記者甚至沒想過要打電話跟我確認這是不是真的；他在一本資訊錯誤的舊書裡看到這句話，就直接報導了。父親是我全世界最愛、最尊敬的男人，他是我最好的朋友、我最好的榜樣，還把他的知識、職業道德和追求成功的魄力傳給了我。他從零開始，在皇后區跟布魯克林區創立了他自己的一家好公司；我和他是在不同的時代創立事業，規模也不一樣，他蓋的是完善的住宅，我則是在紐約市和世界各地蓋大型建築物跟度假村。我用我從父親身上學到的一切來創建我自己的事業——我父親為我的成就感到驕傲無比，他有一次對商業雜誌的記者說：「唐納碰過的東西都會變成金子！」

我為我創建的事業感到驕傲，所以那些號稱是記者的傢伙胡說八道的時候，我不能默默任他們錯下去。

問題是這種情況越來越嚴重了。我知道民調結果顯示民眾都不信任媒體，但最諷刺的是，這些民調都是媒體做的。

就連他們自己也不得不承認，民眾不信任他們。

那些記者目前最糗的一刻，大概就是我公開個人資產的那一刻。我是史上最有錢的總統候選人，是唯一一個參加總統大選的億萬富翁。我沒有收有錢朋友、特殊利益集團或陳情團體的錢，你說，史上有哪個競選公職的人沒收過獻金的？選民都知道這件事——他們愛死我了。

所以當我公開了長達九十二頁的個人資產列表時，大家的反應應該在預料之中才是。我的身價超過一百億美元——比大家想的還要高。

隨便一個會計師都能告訴你，想寫出一個確切的數字幾乎不可能，因為大型資產的價值一直在變動——這些數字不只每天變動，是每個**小時**都在變。

我還有很多海外的投資項目，價值也很難估算。而且我們填的表單不是為我這樣的人設計的，有很多項目我都只能勾選「$五千萬以上」；例如我有一棟值大約十五億的建築，在表單上看起來就只有「$五千萬以上」。

我們勾了很多選項，也盡可能準確地寫下每一塊錢。

我從來不怕用發表爭議性言論和反擊的方式製造新聞。別忘了，我們必須讓這個國家站穩腳步，大力反擊。

過去幾個月我辦了好幾場記者會，出席率比其他候選人的記者會高多了。我每次都能吸引一大群記者，他們就像鯊魚一樣，等著鮮血溶進我附近的水域。

我都會試著回應他們的要求。

我參加了第一場共和黨辯論，讓Fox頻道獲得了他們從過去到現在最高的新聞收視率。在第二場辯論時，CNN的收視率也破了他們的紀錄。如果我沒有去參加辯論，不知道還會有多少人關注這些活動？我看不多吧！

*Chapter 16*

# A Tax Code That Works

## 實際可用的稅制

大家都有一個共識，那就是我們的稅制不能用。現在的稅制亂七八糟，聯邦稅法長達七萬四千六百零八頁，根本沒人看得懂，就連那些幫納稅人填表單的會計師都看不懂。每年光是要幫美國人民搞清楚他們欠政府多少錢，就能讓一整個會計產業興盛起來。

現在的稅制從最缺錢的人身上拿走太多錢，卻讓其他人有辦法減輕賦稅，這就是現實。這樣的稅法不鼓勵大型企業把海外資金投資在國內，也抑制了小型企業的成長。它不僅沒有創造更多就業機會，反而還毀了一堆工作。

一個合理的稅法應該讓美國的中產階級減稅，讓這些辛苦工作的人民可以留著自己賺來的錢；它應該簡潔明瞭，減輕納稅人每年的焦慮和煩惱；它應該阻止企業用稅負倒置的方式逃稅，藉此幫助經濟成長、創造就業機會，然後提升美國在全球市場上的競爭力；它不應該讓我們的負債或赤字上升。

我主張的稅制改革就是要對付這些問題，給大家一個簡單易懂的稅法。我的目標是讓H & R Block報稅公司做不下去。

我在二〇一五年九月底《華爾街日報》（*Wall Street Journal*）一篇專欄說明了我的解決方案，那篇文章的標題是「邁向繁榮與安定的稅制改革」（Tax Reform for Security and Prosperity）。

我在文章裡寫著，美國政府應該優先保障人民生活的安穩，這包含去除不確定因素，還有用更好的約定、更聰明的貿易協議，以及減輕中產階級和私營企業負擔的稅制，來確保我們國家未來的經濟會更好。

我對稅制的看法，就是要做我們必須做的事情。我會廢除現在那些專門為特殊利益集團和有錢人寫的複雜稅法，消除大家的疑慮，把未來的道路清楚地展現在所有美國人面前。

我的計畫有幾個目標。我現在就先說清楚，我的政策就是針對特殊利益集團和有錢人，我會消除掉他們減稅的各種漏洞。以後每個人、每家公司要繳的稅會少很多，所以我也會廢掉不必要的減稅規則。

特別是，我建議廢除現在對避險基金和其他投機性合夥關係的附加利息，這種處理方式不僅不會幫助企業成長，在製造就業機會這方面也並無幫助。

計畫的第一個目標就是減稅。如果你單身而且收入少於兩萬五千美元，或是已婚然後收入少於五萬美元，那就不用繳所得稅。這麼一來所得稅的徵稅清冊上就少了將近七千五百萬戶人家。

第二，我會簡化稅制；我們不需要好幾個稅率級次跟各種複雜變化，以後只需要四個級次：〇%、一〇%、二〇%和二五%。這樣的制度不但能去除所得稅的婚姻懲罰（marriage penalty）和最低稅負制（Alternative Minimum Tax），還能創造出二戰前才看得到的超低稅率，而且這個計畫實施的話也能廢掉遺產稅，讓遺族能留下死者生前掙來的財產。

我提出的新稅制會讓中產階級保留他們大部分的錢，然後消除很多富豪才有的減稅優惠。中產階級口袋裡的錢變多了，消費能力會跟著提升，年輕人讀大學時可以存比較多錢，然後人民的個人債務會越來越少。

第三，我們必須讓美國經濟成長起來。過去七年來我們的經濟基本上靜止不動，國內生產毛額一年成長不到二%，實在遜斃了。我們必須提升生產力、讓工作機會回到國內，然後讓美國變得更吸引人來投資。

我的計畫是這樣的：不管是多大或多小的企業，繳的稅不能超過他們收入的一五%。這樣降低稅率的話就沒有必要用稅負倒置的方法逃稅，也會使美國成為全球競爭最激烈的市場之一。我的計畫會需要那些在海外有資金的公司把錢帶回美國，匯回稅率（repatriation rate）只要一〇%。現在各企業不把資金帶回國，就是因為稅率太高了。

最後，這個計畫不會讓我們的赤字或國家負債上升。只要有紀律地管控經費，消除浪費、造假和濫用的因子，我的計畫就能讓我們平衡收支、創下經濟成長的紀錄、給閒在家裡沒事做的勞工一堆工作機會，然後開始償還我們的債務。當我們以中等速度成長時，這個計畫是賦稅中立（revenue neutral；譯註：稅制改變下，政府仍然能收到與先前一樣多的稅金）的制度；這些改變會大幅促進經濟成長，我們的國家就能踏上繁榮富強的道路。

這個稅收政策優先照顧到國家和人民的經濟，它雖然很大膽，卻也是奠基在現實情況和常識之上。經濟成長了，我們才有足以讓美國再度偉大的保障。

我的專欄文章點出了概要，不過我這裡還要補充一些重點：最早開始收所得稅的時候，只有一%的美國人得繳稅，所得稅一開始就不是為了收所有人的錢而設計的。套用了我的政策，就會有將近七千五百萬戶免繳所得稅；然後每年得填複雜表單、找專業人士來跟他們說明他們不用繳稅的四千兩百萬戶人家，以後只要送出一頁表單就行了，不僅能省下時間、焦慮和煩惱，平均每戶還能省下準備表單的一百元美金費用。以後超過三千一百萬戶也能用簡單的表格報稅——然後他們辛苦賺來的錢之中，將近一千美元都可以留在自己的口袋裡。

大幅降低稅率之後，現在很多免稅、減稅規則——我們的報稅表就是因為這些規則才變得這麼複雜——就成了不必要、多餘的條文。不過我們不會動那些慈善捐贈和房貸利息相關的減稅規定，因為這些規定很成功地達到了它們的目的——幫助美國的慈善團體，還有幫助人們成為自己房子真正的主人。我的新規定也會廢除遺產稅，那筆錢是你自己賺來的，以前也早就繳過稅了；那是你為家人存下來的錢，政府已經咬過一口了，沒道理再給政府剝一層。

我們現今的稅制其實不鼓勵企業成長，甚至還會懲罰成功的企業。有太多太多的公司——從最大的知名品牌到新創企業——都直接或利用稅負倒置把總部搬到國外去了。稅負倒置就是一間公司把法律上的總部移到稅率比較低的國家，然後只繳當地的稅；哪家公司不想減少稅負、提升收益，那就是公司管理有問題了。民主黨想立法禁止稅負倒置，但這不可能有用；不管他們立了什麼法條，只要扯上了幾十億美元的資產，各家企業一定會想盡辦法鑽漏洞的。比起這樣，還不如創造一個歡迎各種企業的環境。

在前總統隆納·雷根的治理下，我們的法人稅率一度是工業化國家中最友善的，可是現在我們的稅率是最糟的。我們沒有和這些公司合作重整經濟、創造幾百萬個工作，反而是逼著他們遷到海外去。我的稅制會把法人稅降到一五%——不管是我們的小公司、自由業者，或是大財團都一樣。小型企業才是我們經濟的原動力，根據經濟顧問委員會（Council of Economic Advisors）的數據，美國有六〇%的新工作都是小型企業創造出來的機會。可是當你把扣抵稅額跟減稅額算進去的時候，你會發現大多數小公司繳的稅比大公司還要高；在現有稅法下，獨資企業、自由業者、不具法人資格的小公司，還有稅賦轉由合夥人繳納的公司，繳的都是比較高額的個人所得稅，他們實際上的稅率常常是法人的兩倍。今天，網路改變了商業世界的形式、鼓勵更多人創業，這種詭異的納稅情況比以前更常見了。我們國家經濟的未來建築在這些企業身上，每一塊錢都非常重要……結果我們的稅制卻讓這些小公司難以生存。

如果一直強迫這些公司繳高稅率的個人所得稅，他們就一直處於嚴重的弱勢。正確的作法應該是在個人所得稅的制度下新創一個一五％的營業稅率，這樣才能實質降低稅賦，幫助這些小公司成長茁壯。

你現在看這本書的同時，美國人擁有的企業在海外存放的資金可能就高達二．五兆美元。想像一下，如果我們的企業把這筆錢帶回國內的話，該有多好？這筆錢可以創造多少就業機會呢？他們現在把錢存在國外，是因為國內的稅率比其他國家高太多了。我的計畫有一個關鍵，那就是給這些企業一次機會，讓他們用一〇％的匯回稅率把這些資金帶回來。在我的新制度下，企業把這二．五兆美元帶回來投資就能大大獲利——而且我調低法人稅率就能和全球市場競爭，這對企業也有莫大的好處。

大家會問一個很重要的問題：這個計畫很棒但需要錢，你打算從哪裡生出這筆錢？好消息是，這是個賦稅中立的計畫——而且你口袋裡的錢多了、就業市場上的工作多了，經濟也會跟著成長起來。排除掉減稅和稅制的漏洞以後，富豪繳的稅就不會跟現在一樣少了，再加上海外的企業資金匯回，然後收取海外收益的稅金，還有封死專門為特殊利益集團開的稅收漏洞——並在降低法人和企業所得稅率之後也廢除不必要的減稅規則——這麼一來，我們就有錢來支持這項新政了。我們也會漸進地引入適當的減稅比率，因應企業利息支出。

最後，我們還得減少浪費。我們國家每年浪費幾億、幾兆美元，卻說不出這是誰的責任。每輪選舉，所有的政客都保證會減少支出上的浪費……你什麼時候聽過政府實際上有在減少浪費的？我告訴你，答案是：從來沒有。你如果有在經商就知道，省下一小筆、一小筆的錢很快就會變成一大筆財富。當你花的是自己的錢，你一定會學會減少浪費。下一任總統必須停止亂花納稅人的錢這個惡習；這裡節省幾十億、那裡節省幾十億，過沒多久你就會發現國家的開銷大幅降低了。

浪費的根源並不難找，二〇一三年《商業內幕》（*Business Insider*）的華爾特・希齊（Walter Hickey）查閱各個政府機關的報告，輕鬆整理出了被浪費掉的一百五十億美元。這之中從教育部撥給一間大學的四千兩百萬美元（但這間大學沒資格拿聯邦政府任何經費），到衛生及公共服務部（Department of Health and Human Services）只要重新審查聯邦醫療保險和美國醫療保險（Medicare）應該花多少錢在處方藥上面就能省下的二十七億美元，樣樣都有。

「公民反對政府浪費」組織（Citizens Against Government Waste）二〇一五年發表的Prime Cuts報告指出，二〇一六年預算如果砍掉六千四百八十億美元也不會造成負面影響，終止鄉村公用局（Rural Utilities Service）借貸或撥款給國內服務不完備區域的計畫就能省九十六億美元——政府為了在阿肯色州一座郊區小鎮提供寬頻服務，在每位鎮民身上花了五千五百美元的稅金。報告還指出各個計畫無人監督的代價，例如有六千五百萬個號稱超過一百一十二歲的人瑞，每個都擁有有效的社會安全保險帳戶——可是據我們所知，國內超過一百一十二歲的人只有三十五個。然後很多人都算過，美國醫療保險大概浪費了超過一千億美元。

重點是，我們每年都把錢幾十億、幾十億地扔掉，下一任總統非阻止這件事不可。

是時候更新稅賦系統了，我們要減輕大多數美國人的負擔、簡化稅制、為大企業和小公司訂定合適的稅法，還有停止每年浪費幾十幾百億元稅金的行為……然後，最後，把我們的工作機會帶回它們所屬的家園。

*Chapter 17*

# Making America Great Again

## 讓美國再度偉大

一九七四年，第一次參與大型建設計畫的時候，我二十八歲。緊鄰中央車站、曾輝煌一時的海軍准將酒店（Commodore Hotel）當時亂得不成樣子。過去有一段時間，海軍准將酒店曾經是全世界最豪華的飯店之一，但那間飯店和附近的整個社區都已經破敗不堪了。

當時那附近很多建築的抵押品贖回權都取消了，很多店面也都用木板封起來。海軍准將酒店外表髒兮兮，裡頭昏昏暗暗的，簡直快變成福利旅館（譯註：供領取福利金者使用的臨時住所）了。

那是棟垂死的建築、瀕死的社區、掙扎

苟活的城市。

我當時可能還太年輕不懂事，但我告訴你——當時的我就跟今天的我一樣，願意面對任何挑戰。我對自己有十足的信心，我相信自己有能力完成偉大的事業。今天的我和過去不同的地方在於，今天的我還擁有真正偉大的經驗。

當時看著海軍准將酒店，我看到了它的潛力——這會是二十世紀後期紐約市最大的飯店翻新工程。

那附近的區域也還有很多可能性；飯店就位在中央車站區域的中心地段，每天都有幾千人經過。我當時沒錢做這項工程，就算有也不見得會冒這個風險。

很多投資房地產的聰明人都告訴我，那是不可能的任務。

但是我心裡一直夢想著它完工的模樣，我一直都沒有放棄。我積極的精神和周密的籌畫吸引更多人加入計畫；我一激動起來就沒有人阻止得了我，為了這個計畫我完全進入「川普模式」——後來很多項工程也是如此。

我花了幾年時間搞定這項計畫，過程中學到跟市政府、銀行、建造商和工會合作的技巧。我當時可以簡單整修現有的建築就好了，不過我想的遠遠不止這些。

一路上，想詆毀我的人從沒少過。像是我重建了全新的美麗玻璃外牆時，想維持原樣的保護主義者就氣得跳起來了。我還把內部的地板全部挖掉，用最高檔的材料取代。

從一九八〇年開張那天起，我的君悅酒店就非常成功；它成了重建整個中央車站區域的根基，也成了我的大招牌——它讓紐約人看見了品質優良的川普品牌。

那項計畫是我第一次把破敗的大型房地產整修好，讓它恢復偉大；我還一併整修了中央車站——讓它恢復過去美麗乾淨的樣子。那之後的三十五年，我一直重複類似的工程——現在輪到了最大、最重要的一項工程：我們的國家。

★　★　★

我們可以把一個殘破的國家變得再度偉大。過去的執政者任由我們的國家逐漸衰弱，變成世界各國眼中一個鏽跡斑斑的次等國家。

前方有很多挑戰等著我們。媒體和當局的反對者不會給我們好日子過，因為他們怕現狀改變之後，就沒有好處可拿了。

不過我告訴你一件事：我心裡有一個願景，而且我知道該做什麼事情來達成我們的目標。我們必須強化軍力、幫助退伍軍人、強硬地面對敵人、制止非法移民、重建基礎建設、改寫稅制和教育系統，還有撕毀過去莫名其妙的政策，例如歐巴馬健保跟伊朗核武「協議」。

最重要的是，我們必須重新點燃美國夢的熱情，把我們的國家還給那幾百萬個辛苦工作卻只拿到一點報酬的國民。有太多太多的美國人都開始懷疑（你能怪他們嗎？），這個國家曾對人民立下偉大的承諾，還保證每一代都會為孩子創造更好的生活……這些理想都到哪去了？

別和我唱反調，別賭我會輸——我太了解賭注跟機率了——因為我一向拿最難的挑戰開刀，也每一次都大獲全勝。我的名字已經成為全球最偉大的品牌之一，我知道怎麼當贏家。好萊塢星光大道（Hollywood Walk of Fame）出現了我的星形獎章時，在頒獎典禮上傑．雷諾（Jay Leno）說了一句話，我很喜歡。「現在正式聲明，」他宣布道，「美國沒有任何地方找不到川普的名字。」

競選公職的候選人總是說，他們是靠過去的功績出來參選的；很可惜，這些人的「功績」都只是空口說白話，他們根本沒有實際做出什麼成果。

我們國家的首府已經被鎖死在僵局中心，感覺這幾年華府的精力都拿去糾結要不要讓政府繼續運作了。這完全在意料之內：華府的倒店清倉大拍賣已經持續好一段日子了。

難怪民調結果出來，我們的總統跟國會支持率低到這種程度。難怪我們失去了對世界的影響力，全球各地的盟友和敵人都不再尊敬我們。

與此同時，最高法院還無比「明智」地決定來填補空缺，他們決定不要再維護我們最珍貴的歷史資產——美國憲法和人權法案——而是要自己制定社會政策。

我們的政府三權分立，可是連接這三根枝條的樹幹已經快爛光了。

要不要出來選總統？我考慮了很多年，也忍了很多年。很多朋友、同事和顧客都鼓勵我出來做點貢獻，我心裡就想：「我又不是政客，而且我還有個龐大、成功的企業要經營呢。」

但後來我發現，現在的情況我實在是看不下去了。華府那些「圈內人」帶著偽善的面具什麼都不做，只希望利益能源源不絕地朝他們流去，而圈外的美國人民每天過艱苦的生活，他們看著沒有領導能力和創意的政府感到憤怒，我看著國內的現狀感到不可思議。

所以當我開始公開演說的時候，媒體呱呱亂叫、政客各個縮成一團，然後特殊利益集團發覺他們影響國家決策的日子不多了。

有非常多人非常努力地想唱衰我。

然後，美國人民出聲了。

群眾開始一窩蜂地來參加我的造勢活動，我們還得把活動地點移到美式足球場和籃球場，擠出更多空間。而我的競爭對手們造勢時，臺下人數根本連小房間都填不滿。全國辯論吸引了大批觀眾——超過兩千四百萬人收看——因為我們的國民終於再度看見希望，他們想聽我對各種事情的意見。而我的意見就是：是時候盡我們所能，讓美國再度偉大了！

首先，我們要為刻苦勤奮的美國人創造幾百萬個好工作。根據經濟政策研究所（Economic Policy Institute）估計的數值，我們因為過去幾個爛到不行的貿易協議，從一九九七年到現在，少了超過五百萬個工作。我們已經創造了太多的工作機會——在別的國家創造了太多工作機會——這些工作機會一定會回到美國本土。

我們的軍事實力必須遠遠強過世界上其他國家，這樣我們跟伊朗這種國家談判的時候才有底氣。而我們的軍人回到家時，必須接受他們應得的照護；我們全國都應該歡欣地償還這筆債務才對。

我們必須在南邊的國境蓋一座圍牆，它當然要為合法移民敞開美麗的大門，但是我們不能不阻斷非法移民人潮。再來，我們必須用法律手段制止人們濫用出生地公民權——第十四條憲法修正案原本的目的，才不是給人變成公民的捷徑。我舉個例子，大多數的美洲原住民雖然在美國境內出生，卻沒有自動拿到公民權——是過了將近一百五十年，才有人立法給他們選擇成為美國公民的權利。

而第二條憲法修正案原本的目的，是要確保美國人有辦法保護自己，不被暴政侵害。我們絕對不會更改這個原則。

我們可以用改良過、稅賦中立的稅制把錢放回最需要錢的口袋裡，當你——而不是政府——拿這筆錢去消費的時候，你是在為美國人民創造就業機會。保守派作家與評論家韋恩・魯特（Wayne Root）用「近乎完美」來形容我的新稅制；這個新的制度會鼓勵企業把他們賺的錢花在國內，創造出更多更多的新工作。

我們的教育系統必須更加把勁，幫助孩子準備面對未來；也要重新訓練成年人，讓他們能在新興電子市場上取得成功。沒有人比地方政府更擅長做這些事了，我們不該讓聯邦政府制定地方學校的教學方式，我們要滅了共同核心課程標準。

我們必須廢除歐巴馬健保，用更合理的健保體系取代它——這樣才能創造出競爭更激烈的市場，降低為所有美國人提供醫療照護的費用。

我們只要重建現在破破爛爛的基礎建設，就能創造出好幾萬個新工作。這些建設案都是萬事俱備，只欠東風：馬路、橋梁、隧道、鐵軌，這些都得在完全散架前修理好或乾脆換新的，而這些工程也會讓幾千人有工作可以養家餬口。

華府最有權勢的就是陳情團體跟特殊利益集團了，他們出錢支持某些候選人，用錢買了影響決策的能力。這種陋習不能再持續下去了；我們可以投給一個不收他們捐款的人，踏出好的第一步。

我們必須制定可行的能源政策，妥善利用我們國家充沛的天然資源，提供能量讓美國經濟恢復繁榮的樣貌。

你可以相信我。想親眼看看我的成就，你只要在全球各大城市逛一圈——然後抬頭，抬頭你就能看到朝天而立的川普建物了。

我完成了很多從來沒人做過的事。位在第五大道上、蒂芙尼公司隔壁的川普大廈有六十八層樓高，它在一九八三年開幕時，是曼哈頓最高的全玻璃外牆建築；它開啟了現代奢華建造業的先鋒。

說到那棟大樓，我最引以為傲的一點，就是當時我找了一位三十三歲的女性來監督工程。一九八三年，商場上的性別平等意識才剛剛抬頭，我就做了這樣劃時代的決定。

那些抱怨我對女性說話態度不好的人，怎麼不說說我過去主動在男性為主的產業推行性別平等？在我公司裡工作的女性和曾經被我雇用的女性都會跟你保證，我對她們的要求，跟我對男性員工的要求一樣高。

這才是我們需要的「性別平等」：不管男女，我們需要能激勵人們向上的領導者，而不是一個腦袋空空的前國務卿——更別提這位前國務卿還用私人電子郵件伺服器通信，簡直瘋了。

再來，解雇幾千個勞工、讓公司變得一團亂並不是一種成就好嗎？至少不是一個人應該拿來炫耀或「證明」他有資格治理國家的成就。

我從以前就很有理想，每次都以蓋最大、最美、品質最高的建築物為目標；如果你一開始不設立遠大的目標，那你當然永遠不可能實現夢想。紐約到處都看得到川普建築物：從華爾街四十號到西城調車場（West Side Railway Yards），從哥倫布圓環（Columbus Circle）到東城川普宮殿（Trump Palace），還有市中心的蘇活豪宅公寓（SoHo Condominiums）。

這還只是冰山的一角。

我們後來開始做紐約市以外的案子，現在美國九個州內都有川普集團的建築：

從紐約州到夏威夷州，從佛羅里達州到華盛頓州；還有其他十個國家，從烏拉圭到印度都有。還有很多大型、甚至是超大型計畫還在預備階段，隨時準備開工。

五十二層樓高的加利福尼亞街五五五號，是舊金山第二高的大樓，也是實用面積最大的建築。它曾經是美國銀行（Bank of America）的全球總部，還被用於拍攝《緊急追捕令》（*Dirty Harry*）和《火燒摩天樓》（*The Towering Inferno*）等電影。

只要能踏進這棟大樓，不管是誰都會一整天心情大好。

首爾的川普世界（Trump World Seoul），包括首爾和附近城市的六棟豪宅公寓。世紀城川普大廈（Trump Tower at Century City）有兩百二十間豪宅公寓，是菲律賓馬尼拉最高的建築之一。

七十二層樓高的巴拿馬市川普海洋俱樂部酒店（Trump Ocean Club），是巴拿馬的第一個五星級建設案。我們在世界各地蓋豪華飯店和住宅，用我們即將推出的高級飯店和其他計畫，在世界各地展現美國最棒的一面。

我懂得從現實觀點看「外交政策」：我知道怎麼跟人談生意、怎麼讓外國政府跟我們坐下來談判，還有拿穩手牌跟對方交涉並達成協議的技巧。你看，中國最大的銀行把總部設在川普大廈裡，他們也想盡可能加入「川普」這個品牌。

所以，我聽那些政客吹牛說他們投票給了什麼貿易法案、平衡了什麼預算，就會忍不住笑出來。那些傢伙也許有政治經驗，可是他們絕對沒有常識，也沒有在現實世界討生活的經驗。

每一項建設案、每一筆生意都是獨一無二的。每一個計畫都大大考驗了我的「平衡感」，我得和商業界、金融界跟當地官員談好，還得學會跟偉大的建築師和設計師合作，然後跟各種工會達成協議。

我在乎每一個小細節，合約裡用小字寫的附屬細則我都會看——才不像某些跟伊朗談成核武「協議」的政客，他們似乎連「附帶協議」的內容都不曉得……本來負責確保伊朗服從規定的協會，跟伊朗簽了什麼附帶協議呢？那些政客一概不知。

到了該擴展事業的時候，我對高爾夫球度假村起了興趣。小時候，我父親有時候會帶我一起去打高爾夫球。他雖然不常玩高爾夫球，但他揮桿的動作非常美。小時候的我左看看右看看，在高爾夫球場上都看到了什麼樣的人呢？成功的人，還有偉大的企業家。

那他們在打球的時候還做些什麼事呢？談生意。到底有多少大手筆的生意是在高爾夫球場上談成的？我根本無法想像，於是我決定要蓋全世界最高級的高爾夫球場和度假村，然後我的確實現了這個目標。

你覺得蓋一棟建築物很難嗎？那你一定沒有在紐約市建過全新的高爾夫球場。二〇一五年，我們在布朗克斯區渡船角的川普高爾夫林克斯球場正式開幕，瞬間擠進全球對外開放的高爾夫球場前幾名。那是紐約半個世紀以來，首次有新的公共高爾夫球場開張。

那項工程做了好幾年——實在是亂到不行。

除了我之外沒有人能完成它；大家看到這個計畫都轉頭就跑，沒有人想接手完成這項工程。

數十年來，紐約市一直希望有人能蓋新的球場，但是沒人知道該從哪裡下手才好。政客胡搞瞎搞了好幾年之後，終於找了一個商人，也就是我，來幫他們擦屁股。

我建了一座宏偉的高爾夫球場。

對紐約市、對川普集團來說，這是一次巨大的成功。我當時對大家保證，全世界的高爾夫球愛好者有一天可以來布朗克斯區打球，我也實現了當時的諾言。

我不只是想吸引高爾夫球選手來美國，我們還必須把各種企業帶回美國本土，尤其是那些美國人擁有的企業。

如果我們營造出適當的稅賦環境，然後撤銷那些限制了大小企業的複雜規則，那工作機會就會湧回國內，形成「充分就業」（full employment）的環境。

充分就業的意思就是，我們不會有二〇％的人口失業或未充分就業的現象。充分就業的意思就是，每一個新加入勞力市場的人都能在努力工作一整天之後，驕傲地回家和家人一起過美滿生活。

充分就業對工會和雇主都有好處；大家一起合作重建我們國家的基礎建設。

充分就業的意思就是，現在抵押借貸但是還不了錢的人可以不必再擔心失去自己的家，不必再扛著這份重擔度日。當銀行釋出更多錢、市面上有更多錢在流通時，新建或整修的住房建築業也會跟著興盛起來。

我們來到了歷史的轉捩點，不只是你我，更是我們孩子前路的轉折點。美國也許現在過得不是很好，也許現在殘破不堪，但我們可以再度崛起。我們發光發熱的時機還沒過去，現在就是我們的舞臺，這個國家擁有令人驚嘆的潛力。

美國富強的巔峰就在眼前。你說為什麼？因為我們的人民。我們大家一起，來讓美國再度偉大吧。

# Acknowledgments

## 謝辭

我想感謝大衛・費雪（David Fisher）、比爾・詹克（Bill Zanker）、克里・李萬度斯基（Corey Lewandowski）、大衛・柯恩（David Cohen）、羅娜・格拉夫（Rhona Graff）、梅莉迪絲・麥琦菲（Meredith McIver）、霍普・希克斯（Hope Hicks），還有阿曼達・米勒（Amanda Miller），在我寫這本書的期間一直熱情地幫助我。我還得感謝瓦斯曼里維出版經紀公司（Waxman Leavell Literary Agency）的伯德・里維（Byrd Leavell）和史考特・瓦斯曼（Scott Waxman）；還有唐・麥甘（Don McGahn），以及西蒙與舒斯特出版社（Simon & Schuster）的卡洛琳・雷迪（Carolyn Reidy）、路易絲・博克（Louise Burke）、米切爾・艾佛（Mitchell Ivers）、傑勒米・魯

比史特勞斯（Jeremie Ruby-Strauss）、艾琳・柯拉狄（Irene Kheradi）、麗莎・利瓦克（Lisa Litwack）、約翰・保羅・強生（John Paul Jones）、阿爾・馬達可（Al Madocs）、傑米・普托提（Jaime Putorti）、潔妮芙・羅賓森（Jennifer Robinson）、金・安・羅絲（Jean Anne Rose）和妮娜・克德斯（Nina Cordes），這些人拿出了他們的專業精神，在極短的時間內完成了這本書的成品。謝謝你們所有人這麼努力——我非常感動。

# My Personal Financials

## 我的個人資產

在我宣布參加總統大選並公開財務報表（截至二〇一四年六月）之後，我的身價又漲了不少。我在紐約、舊金山、邁阿密、華府、歐洲和很多其他地方的房地產價值都上漲了很多；我欠的債非常少，而且那一點錢的利息也很低。我目前的身價超過一百億美元。

我在個人財務揭露裡有寫到，我二〇一四年的收入是三．六二億美元——這個數字不包含紅利、利息、資本營利、收租和版稅收入。二〇一五年的收入會超過六億美元。

我在股市也賺了些錢——雖然我過去並不太注重這方面，股市賺來的錢也只佔我總身價的一小部分——我買的四十五支股票裡，有四十支在短期內大幅成長，買賣結算後賺了27,021,471美元；尚未售出的股票，目前也賺了兩千兩百萬美元。

我公開的財務報表上，寫了超過五百個企業實體，其中九一%的企業實體完整所有權都在我手上。我也把我寫的書《交易的藝術》的版稅算進去了——這是史上最暢銷的商業書籍之一，出版三十年還是跟我寫的其他暢銷書一樣賣得很好。

我也把我的電視節目《誰是接班人》的收入寫上去了。NBC/Universal已經公布了節目續約的消息，當我告訴他們我要參加總統大選，所以第十五季沒辦法再主持節目的時候，他們非常失望。他們很努力想說服我繼續做，但後來還是請阿諾．史瓦辛格（Arnold Schwarzenegger）來接手了——他一定會做得很棒。前面十四季的《誰是接班人》與《名人接班人》目前在世界各地播出，我總共賺了213,606,575美元。

我很樂意公開這份財報，也以我的成就為傲。

## 唐納・J・川普
## 資本淨值一覽
## 截至 2014 年 6 月 30 日

| | | |
|---|---|---|
| **資產** | | |
| 現金與有價證券：此指取得且開發數項資產（即數架飛行器、土地、高爾夫球場與度假村等）、以現金歸還大額抵押貸款之後，應收帳款收帳前之資產額。 | $ 302,300,000 | |
| **唐納・J・川普透過其控制的實體 100% 擁有之營運中不動產：** | | |
| 商業不動產（紐約市） | 1,697,370,000 | |
| 住宅不動產（紐約市） | 334,550,000 | |
| 俱樂部設施及相關不動產 | 2,009,300,000 | |
| 開發中之不動產 | 301,500,000 | |
| **唐納・J・川普所有權少於 100% 之不動產** | | |
| 美洲大道 1290 號：紐約市 | | |
| 美國銀行大樓：加利福尼亞州舊金山 | | |
| 川普國際酒店大廈：拉斯維加斯 | | |
| 小星城：紐約州布魯克林 | | |
| 總債務淨值 | 943,100,000 | |
| 不動產許可協議、品牌及具品牌商標之開發案 | 3,320,020,000 | |
| 宇宙小姐、美國小姐及美國妙齡小姐選美比賽 | 14,800,000 | |
| 其他資產（債務淨值） | 317,360,000 | |
| 總資產額 | | $ 9,240,300,000 |
| **債務** | | |
| 應付帳款 | $ 17,000,000 | |
| 唐納・J・川普 100% 擁有的營運中不動產之貸款及抵押貸款 | | |
| 商業不動產（紐約市） | 312,630,000 | |
| 住宅不動產（紐約市） | 19,420,000 | |
| 俱樂部設施 | 146,570,000 | |
| 開發中之不動產 | 7,140,000 | |
| 總債務額 | | 502,760,000 |
| 資本淨值 | | $ 8,737,540,000 |

**各類慈善捐獻**

川普先生一生對慈善團體及為大眾保留公共空間之團體有極大貢獻，曾捐獻全國各地之多片高價土地。過去五年，川普先生為此目的貢獻超過 102,000,000 美元。

# About The Author

## 關於作者

唐納．J．川普是美國成功事蹟的模範，在擴展房地產、體育與娛樂方面之愛好的同時，也一直為他人立下卓越的典範。他是最原型的商人——是舉世無雙的談判家。

川普先生曾與父親在紐約布魯克林的羊頭灣（Sheepshead Bay）共用一間辦公室，從那裡開創他的事業；他與父親合作了五年，期間兩人忙著一起做生意。川普先生曾說：「我父親生前是我的導師，我從他身上學到了建造業每一個面向的點點滴滴。」佛瑞德．C．川普也時常表示：「我有幾項最好的生意都是我兒子唐納談好的……他碰過的東西都會變成金子。」那之後，川普先生踏入了完全不同的曼哈頓房地產界。

在紐約市以及世界各地，川普的名號等同於各地最著名的地址，其中包含世界知名的第五大道摩天樓川普大廈，還有豪華住宅川普公園（Trump Parc）、川普宮殿、川普廣場（Trump Plaza）、公園大道六一〇號（610 Park Avenue）、川普世界大廈（曼哈頓東城最高的建築物）與川普公園大道。川普先生還負責指定位置並進行陸上賈維茨會展中心（Jacob Javits Convention Center）之工程，此中心在他的控制之下，又稱西三十四街調車場（West 34th Street Railroad Yards）。他在將海軍准將酒店改建成君悅酒店時，也負責全面翻新左近中央車站的外貌；這項開發案被認為是紐約市最成功的整修計畫之一；川普先生因「雅緻、創意地回收了一間出名飯店」，獲曼哈頓第五社區委員會的獎勵。這些年來，川普先生持有並售出紐約的許多偉大建築物，包括：廣場飯店（Plaza Hotel；他將飯店修復後使之恢復原本宏偉的面貌，《紐約時報雜誌》〔*New York Times Magazine*〕曾報導）、聖莫里茲飯店（Hotel St. Moritz；現稱中央公園南的麗思卡爾頓飯店〔Ritz-Carlton on Central Park South〕）、直至二〇〇二年為止，擁有帝國大廈的土地（五十多年來那片土地與租賃首次合併）。此外，川普先生還擁有東五十七街上與蒂芙尼公司相鄰的NikeTown店面。二〇〇八年初，Gucci在川普大廈開設他們的全球最大店面。

一九九七年，川普國際酒店大廈對世界敞開了門扉，這幢五十二層樓高的混合式超豪華飯店與住宅大樓，位於曼哈頓西城的十字路口，哥倫布圓環的中央公園西。它是世界知名建築師菲力普．強生（Philip Johnson）的設計作品，在美國拿下了最高的幾筆售價與租金。包含川普國際酒店大廈與其附設餐廳Jean-Goerges在內，全國只有三間飯店與附設餐廳同時拿到《富比世》的五星評價；它還獲得了美國餐旅學會（American Academy of Hospitality Sciences）的五星鑽石評價，也獲《旅遊與休閒》（*Travel + Leisure*）選為紐約市第一商務飯店。《旅遊者》（*Condé Nast Traveler*）將它評為美國第一旅館，全球各地都有人想模仿它創新的概念。二〇〇九年到二〇一五年間，它每年都贏得《富比世》五星級飯店獎；也在二〇一〇年後，年年登上《旅遊者》「讀者評選」列表。今年是川普飯店集團（Trump Hotel Collection）這枚寶石的十八週年慶。

川普先生也是開發紐約市最大片土地的開發商，曾經的西城調車場經他之手，成了今天的川普社區（Trump Place）。這一百英畝的地皮臨哈德遜河，從五十九街一直延伸至七十二街，是紐約市計畫委員會核可的案件中最大的開發案。這片土地上總共有十六棟建築物，其中前九棟由川普先生所建，還有一塊地賣了好一筆錢。川普先生還將川普社區一片二十五英畝的河濱公園，以及立有雕像的七百英呎長碼頭捐贈給紐約市政府。

川普先生於紐約市的其他持有物，包含華爾街四十號的川普大樓（Trump Building）；這是位於曼哈頓金融區的地標性建築，七十二層樓高、佔地一千三百萬平方英呎，是曼哈頓市中心僅次於新世貿大樓的高樓，對面就是紐約證券交易所。購入這棟大樓時正好是紐約市房市低潮，這筆交易據稱是過去二十五年最划算的房地產交易之一，且華爾街四十號的「頂端」被譽為全國最美的建築物「頂端」之一。此外，川普先生也建造了六十四街的公園大道六一〇號，這棟曾為梅菲爾禮君飯店（Mayfair Regent Hotel）的建築經川普先生之手，十分成功地改建成了超豪華豪宅公寓，在當時衝到了公園大道房價的頂峰。再向東行，與聯合國總部大樓相鄰的是壯觀非凡的川普世界大廈——這幢九十層樓高的奢華住宅建築，是世界上最高的住宅大樓之一。川普世界大廈獲得建築評論家的瘋狂好評，《紐約時報》的赫伯特·馬斯卡姆（Herbert Muschamp）稱之為「一座漂亮的玻璃塔」；人們認為它是美國有史以來最成功的豪宅公寓大廈之一。

川普先生在二〇〇一年宣布進軍芝加哥的計畫，然後建了芝加哥川普國際酒店大廈。這棟兩百七十萬平方英呎、九十二層樓高的混合式大樓位於芝加哥河畔，密西根大街（芝加哥最知名地點）正西方，是全世界最高的住宅大樓之一，也是全世界第九高的建築物；負責這棟大廈的是芝加哥SOM建築設計事務所（Skidmore, Owings & Merrill, Chicago）。大廈有四層樓皆為零售商店。在眾人的期待下，飯店於二〇〇八年一月開張，二〇一〇年獲《旅遊與休閒》選為美國與加拿大第一名飯店，以及二〇一四年的「世界最佳商務飯店」獎。《旅遊者》從二〇一一年起，每年都將它列在「讀者評選」獎項中。川普國際酒店大廈在二〇一四年與二〇一五年，皆拿下《富比世》旅遊指南的五星飯店與餐廳獎項，也從二〇一一年起穩坐美國汽車協會五鑽飯店獎（AAA Five Diamond Hotel）得主之位。

二〇〇二年，川普先生購置五十九街與公園大道路口的戴蒙尼克大飯店（Delmonico Hotel），這間聲名遠播的飯店被改造成最先進、最高級的三十五層樓豪華公寓——川普公園大道。川普先生希望將之改建為紐約市最奢華的建築之一，也成功實現了他的願望；許多刊物皆讚揚川普先生的成就，他不僅保留了建築原先的氣派與魅力，更融入了二十一世紀的服務與設備。川普先生與沃那多房地產信託公司（Vornado Realty Trust）共同擁有舊金山極具代表性的加利福尼亞街五五五號大樓（美國銀行大樓），這是美國西岸最重要的辦公大廈之一；他們還共同擁有價值高昂的美洲大道一二九〇號（1290 Avenue of the Americas），這棟大樓則是紐約最大的建築之一，其辦公室使用全紐約最大的地磚。

川普先生所持有之物件，還包括紐約州威斯特徹斯特郡、出自法奇奧（Fazio）之手的川普國家高爾夫球場（Trump National Golf Club）；以及新建住宅區——人稱「七泉莊園」（Mansion at Seven Springs）的兩百五十英畝地產，也是《華盛頓郵報》記者凱瑟琳・葛蘭姆（Katharine Graham）曾經的住處，未來將開發成世界級豪華住宅。川普先生也購入了加州臨太平洋最大片的土地之一，於此建造洛杉磯川普國家高爾夫球場——一間唐納・J・川普冠軍球場，曾被票選為加州第一高爾夫球場。未來還有七十五項豪華莊園改建計畫。此外，湯姆・法奇奧（Tom Fazio）

設計的川普國家高爾夫球場，已在紐澤西州貝敏斯特鎮萊明頓農場（Lamington Farms）的考普希維特莊園（Cowperthwaite Estate）落成，這是許多人心目中全紐澤西州最好的高爾夫球場；最近又新開了一片十八洞球場。二〇〇八年十一月，川普先生獲得在亞伯丁市開發蘇格蘭川普國際高爾夫林克斯球場的許可；這片球場鄰近超過三英哩的絢麗海岸（北海），於二〇一二年七月十日開幕後，又得到開發第二塊十八洞球場的許可。《高爾夫週刊》（*Golf Week*）將蘇格蘭川普國際高爾夫林克斯球場譽為「世界最佳現代高爾夫球場」。在二〇〇八年八月，川普先生購入紐澤西州小馬頸鎮一座高爾夫球場，它現在已經是小馬頸川普國家高爾夫球場。二〇〇九年二月，他在華府附近買下一片八百英畝的土地與俱樂部，這片佔據波托馬克三英哩河畔的土地，後來成為了華府川普國家高爾夫球場。二〇〇九年十二月，川普先生的紀錄又多了兩座高爾夫球場：費城川普國家高爾夫球場，還有哈德遜河谷川普國家高爾夫球場。二〇一〇年四月，美國高爾夫頻道（Golf Channel）播出全新的明星真人實境電視節目——《唐納．J．川普的絕美高爾夫世界》（*Donald J. Trump's Fabulous World of Golf*），大受歡迎。

再看到佛羅里達州棕櫚灘，川普先生將曾屬於瑪裘麗．波斯特與艾德華．哈頓的歷史性建築——馬阿拉歌莊園——改建成極為奢華的私人馬阿拉歌俱樂部。這間俱樂部獲美國餐旅學會評為「全世界最棒的俱樂部」，並於一九八〇年被特指為國家歷史名勝；人們常稱之為「棕櫚灘的瑰寶」。同樣位在棕櫚灘，並只距離馬阿拉歌七分鐘路程的，是川普國際高爾夫俱樂部（Trump International Golf Club）。這座由著名高爾夫球場建築師吉姆．法奇奧（Jim Fazio）設計的球場，造價四千萬美元，場內設有壯麗熱帶景觀、水景、溪流，以及高達一百英呎的地勢（此為佛州前所未有的設施）。這間人稱美國最佳高爾夫球場之一的俱樂部於一九九九年十月開幕，其後於二〇〇六年增添新的九洞球場時也好評如潮。

川普飯店集團是為了成為國際知名飯店的新指標而創立，標榜的是高尚優美與精心處理細節的態度；它為拉斯維加斯天際線增添了最優雅的一筆，那是一棟六十層樓高的超奢華飯店、豪宅公寓大廈——五星級拉斯維加斯川普國際酒店。二〇一二年在《今日美國》（*USA Today*）上被評為「拉斯維加斯最划算的賭注」，二〇一一年也名列《旅遊與休閒》的「世界最佳商務飯店」得獎名單。川普飯店集團目前與未來的大樓建設計畫，包括：紐約蘇活區（二〇一〇年春季開張後被列入《旅遊與休閒》最佳新飯店名單——它是紐約唯一上榜的新飯店，在二〇一三年及二〇一四年獲美國汽車協會五鑽獎，及協會二〇一一年的「世界最佳商務飯店獎：紐約」）、芝加哥（二〇〇八年開幕）、夏威夷州威基基區（二〇〇九年十一月開幕，二〇一五年榮獲《富比世》旅遊指南五星飯店評鑑）、巴拿馬（二〇一一年七月開幕，名列奢華旅遊顧問（Luxury Travel Advisor）的「新開幕奢華旅店前十」）、多倫多（二〇一四年獲《富比世》的五星評鑑）、邁阿密川普朵拉國家度假村（二〇一五年初完成了二．五億美元的改建工程），及愛爾蘭川普國際高爾夫林克斯球場與酒店（川普集團於二〇一四年排除競爭後購入的地產）。截至二〇一五年的國際飯店興建計畫，包括：亞塞拜然共和國首都巴庫（二〇一五年六月開幕）、加拿大不列顛哥倫比亞省溫哥華市與里約熱內盧（二〇一六年開幕）。伊斯坦堡希什利區川普大廈是兩棟大樓（一棟住宅、一棟商用），位於熱鬧繁華的梅希底葉闊區域（Mecidiyeköy）。

在二〇一二年二月，川普集團被選為華府著名舊郵局大樓的開發商；這是華府極具價值的寶物，爭奪其開發權的競爭非常激烈。整修計畫包含一間三百房超豪華飯店、博物館畫廊，並要求保留原始外牆、門扉、走廊與其它內部設施。完工後，這棟位於賓西法尼亞大道的飯店將成為全世界最豪華的飯店之一；它被川普家族視為傳代家產。華府川普國際酒店於二〇一六年開幕。

除了經營房地產事業之外，川普先生也與NBC電視台合夥經營全球三大選美比賽並共同持有其播放權：宇宙小姐、美國小姐與美國妙齡小姐（Miss Teen USA）。川普先生最近收購了NBC持有的部分，並將整間公司賣給IMG。一九九九年創立的川普模特經紀公司（Trump Model Management），已成為紐約市頭號模特經紀公司之一。

川普先生重建了紐約中央公園的沃曼溜冰場（Wollman Skating Rink），對他而言此項計畫十分特別——在川普先生接手前，市政府已經花了七年重建並整修溜冰場，川普先生接下案子後，只用了四個月與一百八十萬美元（相較於市政府的兩千萬美元）。他也重建了同樣在中央公園內，但位於哈林區的拉斯克溜冰場

（Lasker Rink），結果也非常成功。除此之外，川普先生創造了紐約市豪宅公寓迅速發展的環境，堪比過去盛行的合作公寓，對城市的經濟造成了巨大的正面影響。

川普先生同時也是位造詣很高的作家，他於一九八七年撰寫的自傳《交易的藝術》是史上最成功的商業暢銷書之一，不僅售出超過四百萬冊，還連霸《紐約時報》第一名暢銷書數週。其續集《屹立不搖》（*Surviving at the Top*）也在《紐約時報》暢銷排行榜上佔據了首位。第三本《東山再起的藝術》（*The Art of the Comeback*），亦取得同樣耀眼的成績。川普先生撰寫的第四本書《我們該有什麼國家》（*The America We Deserve*），與他過去的著作有些差異，此書討論對今日的美國人民來說最重要的議題，並著重於他對美國政治、經濟與社會問題的看法。他的第五本書《川普致富術》（*How to Get Rich: Big Deals from the Star of The Apprentice*），上市後立刻在各暢銷書榜單上留下一筆；而《發達之途》（*Trump: The Way to the Top*）與二〇〇四年十月出版的《億萬富翁都是這樣想》（*Trump: Think Like a Billionaire*）也同樣在書榜上發光發熱。二〇〇五年四月，《川普：我曾得到的最佳高爾夫建議》（*Trump: The Best Golf Advice I Ever Received*）出版，隨後《川普：我曾得到的最佳房地產建議》（*Trump: The

*Best Real Estate Advice I Ever Received*）於二〇〇六年上市。他曾與羅伯特・清崎（Robert Kiyosaki）合力創下出版界歷史，兩人合著的《川普、清崎讓你賺大錢》（*Why We Want You to Be Rich: Two Men, One Message*）於二〇〇六年十月登上《紐約時報》、《華爾街日報》與亞馬遜暢銷排行榜第一名。《成功術一〇一》（*Trump 101: The Way to Success*）在二〇〇六年底上市。在二〇〇七年十月，與比爾・詹克合著的《大膽想出狠招》（*Think Big*）上市。川普先生的《川普，永不放棄！》（*Never Give Up*）於二〇〇八年初出版；接著是《川普：你錄取了》（*Think Like a Champion*）在二〇〇九年四月上市。與羅伯特・清崎合作撰寫的第二部作品《川普、清崎點石成金》（*Midas Touch*），在二〇一一年十月出版。二〇一一年十二月初出版的《強硬時刻》（*Time to Get Tough: Making America #1 Again*），也是熱門暢銷書。

川普先生是土生土長的紐約市民，自賓大華頓商學院畢業，並於一九八四年榮獲華頓商學院年度企業家獎。他參與許多市民與慈善組織，也是警察體育聯盟（Police Athletic League）董事會一員。川普先生是唐納・J・川普基金會（Donald J. Trump Foundation）董事長，同時也是紐約越戰老兵紀念基金（New York Vietnam

Veteran's Memorial Fund）共同主席。一九九五年，他以大典禮官身分出席紐約史上最盛大的遊行——國家遊行（Nation's Parade），歡慶第二次世界大戰結束五十週年。二〇〇二年，川普先生因其對美軍的貢獻，獲聯合服務組織（USO）獎勉。他每年也在棕櫚灘馬阿拉歌俱樂部舉辦紅十字晚宴（Red Cross Ball）。二〇一二年一月，榮獲美國癌症協會終身成就獎（American Cancer Society Lifetime Achievement Award）。二〇一五年四月，獲海軍陸戰執法基金會（Marine Corps-Law Enforcement Foundation）的指揮官領導獎（Commandant's Leadership Award），由參謀長聯席會議的主席小約瑟夫・F・鄧福德上將（General Joseph F. Dunford, Jr.）頒授獎項。

川普先生是聖約翰神明座堂建成委員會（Committee to Complete Construction of the Cathedral of St. John the Divine）與華頓學院不動產中心（The Wharton School Real Estate Center）的創辦人之一，並且是紀念聯合國與聯合國兒童基金會（UNICEF）五十週年的國際民族節（Celebration of Nations）委員之一。曾被美國建設管理協會（Construction Management Association of America）選為「年度開發商」（The Developer of the Year），以及獲得紐約州公園、娛樂與古蹟辦公室（New

York State Office of Parks, Recreational & Historic Preservation）「建築大師」（Master Builder）的稱號。川普先生於二〇〇〇年六月獲得了他此生最大的殊榮——猶太聯合募捐協會（UJA）頒授的世紀飯店與房地產卓識獎（Hotel and Real Estate Visionary of the Century）；二〇〇三年，被棕櫚灘郡歷史協會（Historical Society of Palm Beach County）提名加入贊助人董事會。他捐贈了紐約州威斯特徹斯特郡四百三十六英畝地皮，建成唐納·J·川普州立公園，然後於二〇〇七年獲得威斯特徹斯特公園基金會（Friends of Westchester County Parks）頒授的「綠空間獎」（Green Space Award）。

二〇〇四年一月，川普先生已與馬克·柏奈特製片公司（Mark Burnett Productions）及NBC合力推出《誰是接班人》真人實境電視節目，並參與演出。《誰是接班人》迅速成為最熱門電視節目，創下電視收視率紀錄並得到觀眾狂熱的好評；第一季結局收視率高達兩千八百萬人，當年僅次於超級盃美式足球聯盟。這個節目也得到了難以匹敵的國際關注率，還被提名三個艾美獎。二〇〇七年，NBC董事長班·希維爾曼（Ben Silverman）在一則《紐約時報》報導中表示，

《誰是接班人》「是NBC史上最成功的真人實境節目。」《名人接班人》也取得了同樣的成功，亦為評分最高的電視節目之一。《接班人》系列持續播出了十四季。川普先生於二〇〇五年主持《週六夜現場》（*Saturday Night Live*），使此節目收視率飆至當年最高峰。此外，川普先生透過他在洛杉磯的川普製片有限責任公司（Trump Productions LLC），製作其他廣播與電視節目；二〇〇四年夏季，他與首演廣播公司（Premiere Radio Networks）的母公司清晰頻道電台（Clear Channel Radio），合作推出的廣播節目也大受好評。

在二〇〇六年八月二十一日至二十八日的《商業週刊》（*Business Week*），川普先生被讀者評選為「全世界競爭心最強的商人」，也被雜誌寫手與職員票選為全世界競爭心最強的前十位商人之一。川普集團持續不斷的成功，也得到《克萊恩紐約商業週刊》（*Crain's New York Business*）認可，於二〇一二年登上紐約最大私人公司排行榜首位。川普先生也是位知名人物，曾被《富比世》列為世界明星之一。川普先生是唯二兩度被提名為美國廣播公司（ABC）芭芭拉．華特斯（Barbara Walters）的「魅力人物」（The Most Fascinating People）的人，最近一次是在她二〇一一年的節目上；而另一人為希拉蕊．柯林頓（Hillary Clinton）。

川普先生是全世界出場費最高的講者之一，演說時常吸引數萬人參加。二〇一一年九月，川普先生在澳洲兩座城市演講，收入超過五百萬美元；從過去到現在，演講收入達數千萬美元。二〇一二年十月，川普先生於倫敦國際領袖高峰會（National Achievers Congress）演講。二〇〇七年一月，川普先生的星形獎章出現在好萊塢星光大道上；二〇〇八年，「You're fired!」被列為史上第三名電視流行語，僅落後於「強尼在這裡」與「這是我個人的一小步，卻是全人類的一大步」。二〇一三年三月，川普在麥迪遜廣場花園的兩萬五千名粉絲面前，晉身世界摔角娛樂名人堂（WWE Hall of Fame）——這是因為他曾主持兩屆最成功的摔角狂熱大賽（Wrestlemania）；更重要的是，他與文斯．麥馬漢（Vince McMahon）參加了二〇〇七年於底特律運動場舉辦的第二十三屆摔角狂熱：「億萬富翁之戰」，創下摔角界人氣最高、收費最高的紀錄。二〇一三年四月，《紐約觀察者週報》（*New York Observer*）將川普先生列為「讀者調查百大強人」（Power 100 Readers Poll）第一名。同樣於二〇一三年四月，川普先生在密西根州年度林肯晚宴演講，那是林肯晚宴創辦一百二十四年來最盛大的一次，也是講者非美國總統時，美國史上最盛大的林肯活動。二〇一三年，川普先生在羅伯特．L．巴特里盛會獲得《美國觀察家》（*The American Spectator*）的T．布恩．皮肯斯獎（T. Boone Pickens Award）。廣受尊崇的作家喬．昆南（Joe Queenan），在二〇〇六年一場習技專題活動聽了川普先生的演講後，寫道川普先生所收的三千萬美元出場費也許太便宜了。

在二〇〇八年六月的《賴瑞金現場》（*Larry King Show*），深受尊重的房地產專家芭芭拉．柯克蘭（Barbara Corcoran）說道：「我哪可能和唐納．川普競爭呢？我是託他的福才能在曼哈頓售出更多房地產，他在一九八〇年代沒人想住紐約時，獨立改變了曼哈頓的樣貌。」《富爸爸，窮爸爸》（*Rich Dad, Poor Dad*）作者羅伯特．清崎也曾說：「唐納是房地產界最最聰明的男人——其他人根本沒法比。」二〇一三年十一月的一則《紐約時報》報導中，記者問紐約市超豪華豪宅公寓開發商亞瑟．澤肯多夫（Arthur Zeckendorf），房地產界中誰對他的影響最大。澤肯多夫答道：「我想是唐納．川普，他基本上一手開創了高檔豪宅公寓產業。我十分仰慕他，也一直追隨他的腳步。」被問到具體學到什麼時，他說：「蓋奢華公寓是一門藝術，你一定要把它蓋成市面上最好的房子。」

二〇〇八年七月，川普先生以一億美元的破天荒高價，售出了不久前以四千萬美元購入的房產——棕櫚灘南海大道五一五號（515 South Ocean Boulevard）；二〇一〇年三月，紐約市川普國際酒店大廈的頂層豪華公寓以三千三百萬美元售出。二〇一一年五月，川普先生購入維吉尼亞州夏綠蒂鎮的克魯居莊園與葡萄園（Kluge Estate and Vineyard），即現今的川普葡萄莊園（Trump Vineyard Estates），它是美國東岸規模最大的酒莊。

二〇一二年二月，川普先生買下邁阿密著名的八百英畝朵拉飯店與鄉村俱樂部（Doral Hotel & Country Club），包括五個錦標賽高爾夫球場、世界知名的藍怪物（Blue Monster）錦標賽高爾夫球場、五萬平方英呎的溫泉、有七百間房間的飯店，也是凱迪拉克世界高爾夫錦標賽（Cadillac World Championship of Golf）的創始地。二〇一二年四月，川普先生購入北卡羅來納州的普安湖與高爾夫俱樂部（Point Lake & Golf Club），即現今的夏洛特川普國家高爾夫球場，並在同年十二月購入佛州朱庇特的麗思卡爾頓高爾夫俱樂部（Ritz Carlton Golf Club），即現今的朱庇特川普國家高爾夫球場。二〇一三年四月，杜拜川普國際高爾夫俱樂部的消息釋出，並且在二〇一四年三月開放購置川普地產（Trump Estates）——包括超過一百棟俯瞰高爾夫球場的豪華別墅。紐約市布朗克斯區渡船角的川普高爾夫林克斯球場於二〇一五年五月開幕。傑克．尼克勞斯（Jack Nicklaus，譯註：高爾夫球名將）曾說：「川普非常、非常成功地在城裡完成了很多工程，我覺得到了一種瘋狂的地步。他很擅長把事情從頭到尾做完。」此俱樂部的建設工程原已持續數十年，浪費了超過兩億美元的稅金。當川普先生參與計畫後，由傑克．尼克勞斯設計的高爾夫球俱樂部在一年內便完工。這一切成為川普先生豐富的高爾夫球場與俱樂部建設經驗之一部分。

二〇一四年二月，川普先生宣布買下愛爾蘭敦貝格高爾夫度假村（Doonbeg Golf Resort）的消息，它未來將成為愛爾蘭川普國際高爾夫林克斯球場與酒店。這片四百五十英畝的地產位於克萊爾郡，臨大西洋，現由川普先生全面重新開發。二〇一四年四月，川普先生買下蘇格蘭知名的特恩貝里度假村（Turnberry Resort）——高爾夫公開賽（Open Championship）的故鄉——它佔地超過一千英畝，包括愛爾蘭海與阿倫島，是許多人公認的世界第一錦標賽高爾夫球場。此外，二〇一四年四月，美國職業高爾夫球員協會（Professional Golfers Association of America）宣布，二〇二二年美國PGA錦標賽，將於貝敏斯特川普國家高爾夫俱樂部舉行；而二〇一七年長青組PGA錦標賽，將在華府川普國家高爾夫俱樂部舉行。二〇一四年十月，老虎伍茲（Tiger Woods）將擔任杜拜川普世界高爾夫俱樂部（Trump World Golf Club）十八洞錦標賽球場之設計師一職的消息釋出。二〇一五年七月，二〇一五年英國女子公開賽於川普特恩貝里舉行。

川普先生最近被《高爾夫文摘》（*Golf Digest*）認可為「現今最偉大的高爾夫建設家」，也被《運動畫刊》（*Sports Illustrated*）譽為「高爾夫世界最重要的人物」。世界頂尖高爾夫攝影師布萊恩・摩根（Brian Morgan）曾表示：「唐納・川普是史上建設或收集最多高爾夫球場與俱樂部的人。」

二〇一五年六月十六日，川普先生正式宣布參加美國總統大選。

二〇一六年十一月，他成為美國候任總統。

## 唐納·J·川普與川普集團擁有與／或開發並經營或許可經營之部分資產

- 川普大廈（Trump Tower）
- 川普世界大廈（Trump World Tower）
- 川普公園（Trump Parc）
- 東川普公園（Trump Parc East）
- 川普公園大道（Trump Park Avenue）
- 川普宮殿（Trump Palace）
- 川普社區（Trump Place）
- 公園大道六一〇號（610 Park Avenue）
- 川普廣場（Trump Plaza）
- 紐約川普國際酒店大廈（Trump International Hotel & Tower New York）
- 芝加哥川普國際酒店大廈（Trump International Hotel & Tower Chicago）
- 拉斯維加斯川普國際酒店（Trump International Hotel Las Vegas）

- 亞伯丁川普國際高爾夫林克斯球場（飯店與高爾夫）（Trump International Golf Links, Aberdeen (Hotel + Golf)）
- 愛爾蘭敦貝格川普國際高爾夫林克斯球場（飯店與高爾夫）（Trump International Golf Links & Hotel, Doonbeg, Ireland (Hotel + Golf)）
- 蘇格蘭川普特恩貝里（飯店與高爾夫）（Trump Turnberry, Scotland (Hotel + Golf)）
- 華府川普國際酒店（Trump International Hotel, Washington DC）（川普經總務署認可為舊郵局大樓之首選開發商，這被認為是總務署計畫中競爭最激烈的一項。）
- 棕櫚灘川普國際高爾夫俱樂部（Trump International Golf Club, Palm Beach）
- 朱庇特川普國家高爾夫球場（Trump National Golf Club, Jupiter）
- 華府川普國家高爾夫球場（Trump National Golf Club, Washington DC）
- 邁阿密川普朵拉國家度假村（飯店與高爾夫）（Trump National Doral, Miami (Hotel + Golf)）

- 小馬頸川普國家高爾夫球場（Trump National Golf Club, Colts Neck）
- 威斯特徹斯特川普國家高爾夫球場（Trump National Golf Club, Westchester）
- 哈德遜河谷川普國家高爾夫球場（Trump National Golf Club, Hudson Valley）
- 貝敏斯特川普國家高爾夫球場（Trump National Golf Club, Bedminster）
- 費城川普國家高爾夫球場（Trump National Golf Club, Philadelphia）
- 洛杉磯川普國家高爾夫球場（Trump National Golf Club, Los Angeles）
- 夏洛特川普國家高爾夫球場（Trump National Golf Club, Charlotte）
- 渡船角川普高爾夫林克斯球場（Trump Golf Links at Ferry Point）（開發與經營）
- 川普酒莊飯店阿爾伯馬爾資產（The Albemarle Estate at Trump Winery）
- 川普葡萄莊園（Trump Vineyard Estates）
- 馬阿拉歌俱樂部（The Mar-a-Lago Club）
- 洛杉磯川普公民遺產（The Estates at Trump National, LA）

- 聖馬丁市巴瑟別墅（Le Chateau Des Palmiers, St. Martin）
- 紐約州貝德佛德川普七泉莊園（Trump Seven Springs, Bedford, NY）
- 紐約市鄰川普廣場的連棟住宅
- 棕櫚灘鄰馬阿拉歌俱樂部兩棟私人住宅
- 比佛利山的私人住宅
- 華爾街四十號（40 Wall Street）
- 川普大廈（Trump Tower）
- NikeTown
- 美洲大道一二九〇號（1290 Avenue of the Americas），與沃那多房地產信託公司共有
- 加利福尼亞街五五五號（555 California Street），與沃那多房地產信託公司共有
- 紐約市兩間購物中心
- 印度孟買川普大廈（Trump Tower Mumbai, India）
- 印度浦那川普大廈（Trump Towers Pune, India）

- 伊斯坦堡川普大廈（Trump Towers Istanbul）
- 埃斯特角城川普大廈（Trump Tower Punta del Este）
- 菲律賓世紀城川普大廈（Trump Tower at Century City, Philippines）
- 川普好萊塢（Trump Hollywood）
- 邁阿密川普國際海灘度假村（Trump International Beach Resort, Miami）
- 陽光島川普大廈（Trump Towers Sunny Isles）
- 杜拜川普國際高爾夫俱樂部資產（The Estates at Trump International Golf Club, Dubai）
- 里約熱內盧川普酒店（Trump Hotel Rio de Janiero）
- 威基基川普國際酒店大廈（Trump International Hotel & Tower Waikiki）
- 巴拿馬川普海洋俱樂部（Trump Ocean Club, Panama）
- 溫哥華川普國際酒店大廈（Trump International Hotel & Tower Vancouver）
- 多倫多川普國際酒店大廈（Trump International Hotel & Tower Toronto）
- 紐約川普蘇活酒店（Trump SoHo New York）
- 懷特普萊恩斯市中心川普大廈（Trump Tower at City Center）

- 新羅謝爾川普廣場（Trump Plaza New Rochelle）
- 斯坦福川普公園（Trump Parc Stamford）
- 約克鎮川普公園公寓（Trump Park Residences Yorktown）
- 澤西市川普廣場公寓（Trump Plaza Residences Jersey City）
- 最近宣布在麗都與峇里島的飯店開發計畫
- 杜拜川普世界高爾夫俱樂部（Trump World Golf Club, Dubai）
- 杜拜川普國際高爾夫俱樂部（Trump International Golf Club, Dubai）
- 川普先生還有經營中央公園極具代表性的沃曼溜冰場（Wollman Rink）、拉斯克溜冰場（Lasker Rink）及地標性的旋轉木馬廳。

**唐納・J・川普擁有的商用飛行器**

- 波音757（Boeing 757）
- 塞斯納獎狀10（Cessna Citation X）
- 三架塞考斯基76型直升機（Sikorsky 76）

總統川普——讓美國再度偉大的重整之路，將帶領世界走向何處？/ 唐納・川普（Donald J. Trump）著；朱崇旻譯 -- 初版 .
-- 台北市：時報文化，2017.3；　面；　公分（歷史與現場；240）
譯自：Great Again: How to Fix Our Crippled America
ISBN 978-957-13-6927-3（平裝）
1. 美國政府　2. 社會政策　3. 經濟政策

574.52　　106002099



ISBN 978-957-13-6927-3
Printed in Taiwan.

歷史與現場 240

**總統川普——讓美國再度偉大的重整之路，將帶領世界走向何處？**

Great Again: How to Fix Our Crippled America

**作者**　唐納・川普 Donald J. Trump｜**譯者**　朱崇旻｜**主編**　陳盈華｜**視覺構成**　陳文德｜**執行企劃**　黃筱涵｜**董事長・總經理**　趙政岷｜**總編輯**　余宜芳｜**出版者**　時報文化出版企業股份有限公司　10803 台北市和平西路三段 240 號 3 樓　**發行專線**—(02)2306-6842　**讀者服務專線**—0800-231-705・(02)2304-7103　**讀者服務傳真**—(02)2304-6858　**郵撥**—19344724 時報文化出版公司　**信箱**—台北郵政 79-99 信箱　**時報悅讀網**—http://www.readingtimes.com.tw｜**法律顧問**　理律法律事務所　陳長文律師、李念祖律師｜**印刷**　勁達印刷有限公司｜**初版一刷**　2017 年 3 月 17 日｜**定價**　新台幣 360 元｜時報文化出版公司成立於一九七五年，並於一九九九年股票上櫃公開發行，於二〇〇八年脫離中時集團非屬旺中，以「尊重智慧與創意的文化事業」為信念。｜